清涼國師華嚴經疏鈔

청량국사 화엄경소초 14

세주묘엄품 ④

청량징관 찬술 · 관허수진 현토역주

운주사

서언

천이백 년 침묵의 역사를 깨고

오늘도 나는 여전히 거제만을 바라본다.
겹겹이 조종하는 산들
산자락 사이 실가닥 저잣길을 지나 낙동강의 시린 눈빛
그 너머 미동도 없는 평온의 물결 저 거제만을 바라본다.
십오 년 전 그날 아침을 그리며 말이다.
나는 2006년 1월 10일 은해사 운부암을 다녀왔다.
그리고 그날 밤 열한 시 대적광전에서 평소에 꿈꾸어 왔던『청량국사 화엄경소초』완역의 무장무애를 지심으로 발원하고 번역에 착수하였다.
나의 가냘픈 지혜와 미약한 지견으로 부처님의 비단과도 같은 화장세계에 청량국사의 화려하게 수놓은 소초의 꽃을 피워내는 긴 여정을 시작한 것이다.
화엄은 바다였고 수미산이었다.
그 바다에는 부처님의 용이 살고 있었고
그 산에는 부처님의 코끼리가 노닐고 있었다.
예쁘게 단장한 청량국사 소초의 꽃잎에는 부처님의 생명이 태동하고 있었고,
겁외의 연꽃 밭에는 영원히 지지 않는 일승의 꽃이 향기를 뿜어내고

있었다.
그 바다 그 산 그리고 그 꽃밭에서 10년 7개월(구체적으로는 2006년 1월 10일부터 2016년 8월 1일까지) 동안 자유롭게 노닐었다.
때로는 산 넘고 강 건너 협곡을 지나고
때로는 은하수 별빛 따라 오작교도 다니었다.
삼경 오경의 그 영롱한 밤
숨쉬기조차 미안한 고요의 숭고함
그 시공은 영원한 나의 역경의 놀이터였다.

애시당초 이 작업은 세계 인문학의 자존심
내가 살아 숨쉬는 이 나라 대한민국 그리고 불교의 자존심에 기인한 것이다.
일찍이 그 누가 이 청량국사의 『화엄경소초』를 완역하였다면 나는 이 작업을 하지 않았을 것이다.
지금도 여전히 완역자는 없다.
더욱이 이 『청량국사화엄경소초』의 유일한 안내자 인악스님의 『잡화기』와 연담스님의 『유망기』도 그 누가 번역한 사실이 없다. 그러나 내 손안에 있는 두 분의 『사기』는 모두 다 번역하여 주석으로 정리하였다.

이 청량국사 화엄경의 소는 초를 판독하지 않으면 알 수가 없다. 그래서 그 이름을 구체적으로 대방광불화엄경수소연의초大方廣佛華嚴經隨疏演義鈔라 한 것이다.

즉 대방광불화엄경의 소문을 따라 그 뜻을 강연한 초안의 글이라는 것이다.

청량국사는 『화엄경』의 소문을 4년(혹은 5년) 쓰시되 2년차부터는 소문과 초문을 함께 써서 완성하시고 5년차부터 8년 동안 초문을 쓰셨다.

따라서 그 소문의 양은 초문에 비하면 겨우 삼분의 일에 지나지 않는다 할 것이다.

나는 1976년 해인사 강원에서 처음 『청량국사화엄경소초 현담』 여덟 권을 독파하였고,

1981년부터 3년간 금산사 화엄학림에서 『청량국사화엄경소초』를 독파하였다.

그때 이미 현토와 역주까지 최초 번역의 도면을 완성하였고, 당시에 아쉽게 독파하지 못한 십정품에서 입법계품까지의 소초는 1984년 이후 수선 안거시절 해제 때마다 독파하여 모두 정리하였다.

그러나 번역의 기연이 맞지 않아 미루다가 해인사 강주시절 잠시 번역에 착수하였으나 역시 기연이 맞지 않아 미루었다.

그리고 드디어 2006년 1월 10일 번역에 착수하여 2016년 8월 1일 십만 매 원고로 완역 탈고하고, 2020년 봄날 시공을 초월한 사상 초유 『청량국사화엄경소초』가 1,200년 침묵의 역사를 깨고 이 세상에 처음 눈을 뜨게 된 것이다.

번역의 순서는 먼저 입법계품의 소초, 다음에는 세주묘엄품 소초에서 이세간품 소초까지, 마지막으로 소초 현담을 번역하였다.
번역의 형식은 직역으로 한 글자도 빠뜨리지 않고 번역하였다. 따라서 어색하게 느껴지는 곳도 있을 것이다.
예를 들면 소所 자를 "바"라 하고, 지之 자를 지시대명사로 "이것, 저것"이라 하고, 이而 자를 "그러나"로 번역한 등이 그렇다.
판본은 징광사로부터 태동한 영각사본을 뿌리로 하였고, 대만에서 나온 본과 인악스님의 『잡화기』와 연담스님의 『유망기』와 또 다른 사기 『잡화부』(잡화부는 검자권부터 광자권까지 8권만 있다)를 대조하여 번역하였다.

앞에서 이미 말한 것처럼, 그 누가 청량국사의 『화엄경소초』를 완역한 적이 있었다면 나는 이 번역에 착수하지 않았을 것이다. 지금까지 이 황금보옥黃金寶玉의 『청량국사화엄경소초』가 번역되지 아니한 것은 나에게 주어진 시대적 사명이고 역사적 명령이라 생각한다.
나는 이 『청량국사화엄경소초』의 완역으로 불조의 은혜를 갚고 청량국사와 은사이신 문성노사 그리고 나를 낳아준 부모의 은혜를 일분 갚는다 여길 것이다.

끝으로 이 『청량국사화엄경소초』가 1,200년의 시간을 지나 이 세상에 눈뜨기까지 나와 인연한 모든 사람들 그리고 영산거사 가족과 김시열 거사님께 원력의 보살이라 찬언讚言하며, 나의 미약한 번역으로 선지자의 안목을 의심케 할까 염려한다.

마지막 희망이 있다면 이 『청량국사화엄경소초』의 완역 출판으로 청량국사에 대한 더욱 깊고 넓은 연구와 『화엄경』에 대한 더욱 다양한 연구가 이루어지기를 바라는 것뿐이다.

장세토록 구안자의 자비와 질책을 기다리며 고개 들어 다시 저 멀리 거제만을 바라본다.

여전히 변함없는 저 거제만을.

2016년 8월 1일 절필시에 게송을 그리며

長廣大說無一字 장광대설무일자
無碍眞理亦無義 무애진리역무의
能所兩詮雙忘時 능소양전쌍망시
劫外一經常放光 겁외일경상방광

화엄경의 장대한 광장설에는 한 글자도 없고
화엄경의 걸림없는 진리에는 또한 한 뜻도 없다.
능전의 문자와 소전의 뜻을 함께 잊은 때에
시공을 초월한 경전 하나 영원히 광명을 놓누나.

불기 2565년 음력 1월 10일 최초 완역장
승학산 해인정사 관허 수진

- 화엄경소초현담華嚴經疏鈔玄談(1~8)

- 화엄경소초華嚴經疏鈔

    1. 세주묘엄품世主妙嚴品
    2. 여래현상품如來現相品
    3. 보현삼매품普賢三昧品
    4. 세계성취품世界成就品
    5. 화장세계품華藏世界品
    6. 비로자나품毘盧遮那品
    7. 여래명호품如來名號品
    8. 사성제품四聖諦品
    9. 광명각품光明覺品
    10. 보살문명품菩薩問明品
    11. 정행품淨行品
    12. 현수품賢首品
    13. 승수미산정품昇須彌山頂品
    14. 수미정상게찬품須彌頂上偈讚品
    15. 십주품十住品
    16. 범행품梵行品
    17. 초발심공덕품初發心功德品
    18. 명법품明法品

19. 승야마천궁품昇夜摩天宮品

20. 야마천궁게찬품夜摩天宮偈讚品

21. 십행품十行品

22. 십무진장품十無盡藏品

23. 승도솔천궁품昇兜率天宮品

24. 도솔천궁게찬품兜率天宮偈讚品

25. 십회향품十廻向品

26. 십지품十地品

27. 십정품十定品

28. 십통품十通品

29. 십인품十忍品

30. 아승지품阿僧祇品

31. 여래수량품如來壽量品

32. 보살주처품菩薩住處品

33. 불부사의법품佛不思議法品

34. 여래십신상해품如來十身相海品

35. 여래수호광명공덕품如來隨好光明功德品

36. 보현행품普賢行品

37. 여래출현품如來出現品

38. 이세간품離世間品

39. 입법계품入法界品

영인본 2책 盈字卷之二

대방광불화엄경수소연의초 제이권의 이권
大方廣佛華嚴經隨疏演義鈔 第二卷之二卷

우진국 삼장사문 실차난타 번역
청량산 대화엄사 사문 징관 찬술
대한민국 조계종 사문 수진 현토역주

세주묘엄품 제일의 이권
世主妙嚴品 第一之二卷

經

復次 尸棄梵王은 得普住十方의 道場中說法이나 而所行淸淨하야 無染著하는 解脫門하며

다시 시기 범왕[1]은 시방의 도량 가운데 머물러서 법을 설하지만 행하는 바가 청정하여 물들거나 집착함이 없는 해탈문을 얻었으며

疏

第五는 初禪이라 長行十法中에 一에 普住等者는 大用應機故로 普遍說法이요 用而常寂故로 行淨無染이니 得心無行故로 行淨이요 了境無相故로 無染이라

제 다섯 번째는 초선初禪이다.
장행문 십법 가운데 첫 번째 널리 시방의 도량 가운데 머문다고

---

1 시기 범왕 이하는, 제 여섯 번째 현전지에 속한다.

한 등은 큰 작용이 근기에 응하는 까닭으로 널리 두루하여 법을 설하는 것이요,

작용이 항상 고요한 까닭으로 행이 청정하여 물듦이 없는 것이니 마음이 행할 것이 없는 줄 얻은 까닭으로 행이 청정하고,

경계가 모습이 없는 줄 요달한 까닭으로 물듦이 없는 것이다.

經

慧光梵王은 得使一切衆生으로 入禪三昧住케하는 解脫門하며

혜광 범왕은 일체중생으로 하여금 선 삼매에 들어가서 머물게
하는 해탈문을 얻었으며

疏

二는 佛爲定境이니 住定則所見深故니라

두 번째는 부처님이 선정의 경계가 되는 것이니,
선정의 경계에 머물게 되면 곧 소견이 깊어지는 까닭이다.

經

善思慧光明梵王은 得普入一切不思議法하는 解脫門하며

선사혜광명 범왕은 널리 일체 사의할 수 없는 법에 들어가는 해탈문을 얻었으며

疏

三에 普入等者는 法海難量일새 名不思議요 一言演盡일새 名爲普入이니라

세 번째 널리 일체 사의할 수 없는 법에 들어간다고 한 등은, 진리의 바다는 사량하기 어렵기에 이름을 사의할 수 없다 하고,
한마디 말로 연설하여 다하기에 이름을 널리 들어간다 한 것이다.

經

普雲音梵王은 得入諸佛의 一切音聲海하는 解脫門하며

보운음 범왕은 모든 부처님의 일체 음성의 바다에 들어가는 해탈문을 얻었으며

疏

四는 圓音隨類를 名音聲海니 要無分別하야사 方入佛聲이니라

네 번째는 원만한 음성이 유형을 따르는 것을 이름하여 음성의 바다라 하나니,
요要는 분별이 없어야 바야흐로 부처님의 음성에 들어가는 것이다.

經

觀世言音自在梵王은 得能憶念菩薩의 教化一切衆生方便하는 解脫門하며

관세언음자재 범왕은 능히 보살이 일체중생을 교화하는 방편을 기억하고 생각하는 해탈문을 얻었으며

疏

五에 能憶等者는 化生은 卽是趣菩提行이니 故로 以宿住智로 明記니라

다섯 번째 능히 보살이 일체중생을 교화하는 방편을 기억하고 생각한다고 한 등은, 중생을 교화한다고 한 것은 곧 이것은 보리에 나아가는 행이니,
그런 까닭으로 숙주지宿住智[2]로써 분명히 기억하는 것이다.

---

2 숙주지宿住智는, 숙명통宿命通이다.

經

寂靜光明眼梵王은 **得現一切世間業報相**이 **各差別**하는 **解脫門**하며

적정광명안 범왕은 일체 세간의 업과 과보의 모습이 각각 차별함을 나타내는 해탈문을 얻었으며

疏

六에 衆生報異는 隨業有差니 佛示現受하야 令生正信케하니라

여섯 번째 중생의 업보가 다르다고 한 것은 업을 따라 차별이 있는 것이니,
부처님이 수생受生을 시현示現하여[3] 하여금 바른 믿음을 내게 하는 것이다.

---

[3] 수생受生을 시현示現한다고 한 것은, 현재 받는 업과 과보의 모습을 시현한다고 해석해도 좋다 하겠다.

經

普光明梵王은 得隨一切衆生의 品類差別하야 皆現前調伏하는 解脫門하며

보광명 범왕은 일체중생의 품류가 차별함을 따라 다 앞에 나타나 조복하는 해탈문을 얻었으며

疏

七은 於法自在하야사 方能隨類調生이라

일곱 번째는 법에 자재하여야
바야흐로 능히 품류를 따라 중생을 조복하는 것이다.

> 經

變化音梵王은 得住一切法淸淨相과 寂滅行境界하는 解脫門하며

변화음 범왕은 일체법의 청정한 모습과 적멸한 행의 경계에 머무는 해탈문을 얻었으며

> 疏

八은 佛身無相일새 等法性之淸淨이요 現而同化일새 爲寂滅之行矣니라

여덟 번째는 부처님의 몸은 모습이 없기에
법성이 청정한 것과 같고,
나타나지만 환화幻化와 같기에
적멸한 행이라 하는 것이다.

㉒

光耀眼梵王은 得於一切有에 無所著하고 無邊際하고 無依止나 常勤出現하는 解脫門하며

광요안 범왕은 일체 유有에 집착하는 바도 없고 끝도 없고 의지함도 없지만, 항상 부지런히 출현하는 해탈문을 얻었으며

㉓

九는 不著諸有일새 故能常現이요 三業無邊일새 更無可依라

아홉 번째는 제유諸有에 집착이 없기에 그런 까닭으로 능히 항상 나타나는 것이요,
삼업이 끝이 없기에 다시 가히 의지함도 없는 것이다.

經

悅意海音梵王은 得常思惟觀察無盡法하는 解脫門하니라

열의해음 범왕은 항상 끝없는 법을 사유하고 관찰하는 해탈문을 얻었습니다.

疏

十은 觀性無相이 猶如虛空거니 何有可盡하며 察用隨宜이 如擊水文에 隨擊隨生거니 復何可盡이리요

열 번째는 법성은 모습이 없는 것이 비유하자면 허공과 같거니, 어찌 가히 끝이 있음을 관찰하며,
작용은 마땅함을 따르는 것이 마치 물결이 쳐서 문채를 냄에 물결이 침을 따라 문채[4]가 따라서 나는 것과 같거니,
다시 어찌 가히 끝을 관찰하겠는가.

---

4 원문에 수문水文은 파문波文이니, 물결이 쳐서 문채가 생기는 것을 말한다.

經

爾時에 尸棄大梵王이 承佛神力하야 普觀一切梵身天과 梵輔天과 梵衆天과 大梵天衆하고 而說頌言호대

그때에 시기대 범왕이 부처님의 위신력을 받아 널리 일체 범신천과 범보천과 범중천과 대범천의 대중을 관찰하고 게송을 설하여 말하기를

疏

偈中에 先은 上首觀衆이니 開成四天이요 合則梵身이 卽衆이라 亦有經云호대 梵衆梵身梵輔 梵眷屬이라하니 身卽是衆이요 輔卽眷屬이라

게송 가운데 먼저는 상수上首[5]가 대중을 관찰하는 것이니,
열면 사천四天[6]을 이루고, 합하면 곧 범신梵身이 곧 대중이다.
또 어떤 경經에는 말하기를 범중과 범신과 범보와 범권속이라 하였으니,
신身이라는 것은 곧 이것은 대중(衆)이요,
보輔라는 것은 곧 권속이다.

---

5 상수上首는 시기대 범왕이다.
6 사천四天이란, 범신천·범보천·범중천·대범천이다.

經

佛身淸淨常寂滅하고　光明照耀遍世間이나
無相無行無影像호미　譬如空雲如是見이니다

부처님의 몸은 청정하여 항상 적멸하고
광명이 비치어 세간에 두루하지만
모습(相)도 없고 행行도 없고 영상도 없는 것이
비유하자면 허공의 구름이 이와 같이 나타나는 것과 같습니다.

疏

十偈에 初中에 初句는 法身이 普遍道場이요 次句는 智光說法이요 次句는 行淨無染이니 境相智行이 旣亡인댄 則大用影像도 亦寂하리라 後句는 通以喩顯이니 雲不離空하고 空不礙雲으로 以況寂用이라

열 게송에 처음 게송 가운데 처음 구절은 법신이 널리 도량에 두루한[7] 것이요,
다음 구절은 지혜의 광명이 법을 설한 것이요,
다음 구절은 행이 청정하여 물듦이 없는 것이니,

---

[7] 법신이 널리 도량에 두루한다고 한 것은, 두루한다고 한 것은 곧 이 작용이지만 그러나 법신이 두루한다고 말한즉 이 자체에 즉한 작용을 나타낸 것이라 하겠다. 이상은 『잡화기』의 말이다.

경계의 모습과 지혜의 행이 이미 없어졌다면 곧 큰 작용의 영상도 또한 고요해질 것이다.

뒤에 구절은 모두 비유로써 나타낸 것이니,

구름은 허공을 떠나지 않고 허공은 구름에 걸리지 않는 것으로 고요한 자체(寂)와 작용(用)에 비유한[8] 것이다.

---

8 고요한 자체와 작용에 비유한 것이라고 한 것은, 고요한 자체와 작용이 둘이 없는 것을 말하고 있다. 고요한 자체는 작용을 떠나지 않고 작용은 고요한 자체를 떠나지 않는 것이니, 고요한 자체는 허공에 비유하고 작용은 구름에 비유한 것이다.

經

佛身如是定境界로　　一切衆生莫能測거늘
示彼難思方便門하시니　此慧光王之所悟니이다

부처님의 몸은 이와 같은 선정의 경계로
일체중생이 능히 측량할 수 없거늘
저 사의하기 어려운 방편문을 시현하시니
이것은 혜광 범왕의 깨달은 바입니다.

疏

二中에 初二句는 入禪之境이라 如來法身이 卽是心性이니 若能觀
之인댄 爲上定故라 次句는 示入이니 方便이 雖多나 同入一寂이니라

두 번째 게송 가운데 처음에 두 구절은 선정의 경계에 들어가는
것이다.
여래의 법신이 곧 이 심성心性이니
만약 능히 그것을 관찰한다면 최상의 선정[9]이 되는 까닭이다.
다음 구절은 들어감을 시현한 것이니
방편이 비록 많지만 똑같이 하나의 고요한 자체(寂)에 들어가는
것이다.

---

[9] 최상의 선정이라고 한 것은 여래의 최상승선정(如來最上乘禪定)이다.

經

佛刹微塵法門海를　　一言演說盡無餘하고
如是劫海演不窮하시니　善思慧光之解脫이니다

부처님 국토의 작은 티끌 수만치 많은 법문의 바다를
한마디로 연설하여 다 남김이 없이 하고
이와 같이 겁해劫海토록 연설하여 다함이 없이 하시니
선사혜광명 범왕의 해탈입니다.

疏

三中에 初句는 卽不思議法이요 次二句는 明普入義니 以一言說盡故라 一言說盡之辯으로 劫海亦不能窮은 顯法無盡也라 約能包인댄 則一言說盡이요 約能久인댄 則劫海莫窮이라 然이나 一言은 但說刹塵이요 未是無盡이라 設欲一言盡者라도 則二三兩句가 相違하나니 一言說盡인댄 劫海토록 更何所演하야 而得無窮아 更有所演인댄 前則不盡이며 又不可重說이니라 若欲通者인댄 總望에 則可說盡이요 隱映重重에 則不可盡이니 如擊水文에 小擊大擊遍擊에 各隨文生하며 盡未來際擊에 盡未來文生이니 爲難思法也니라

세 번째 게송 가운데 처음 구절은 곧 위에 사의할 수 없는 법이라고 한 것이요,

다음에 두 구절은 위에 널리 들어간다고 한 뜻을 밝힌 것이니, 한마디로 연설하여 다하는 까닭이다.

한마디로 연설하여 다하는 변재로 겁해토록 또한 능히 다함이 없이 한다고 한 것은 법이 다함이 없음을 나타낸 것이다.

능포能包를 잡는다면 곧 한마디로 연설하여 다하는 것이요,

능구能久를 잡는다면 곧 겁해토록 연설하여 다함이 없이 하는 것이다.

그러나 한마디라고[10] 한 것은 다만 국토 티끌 수 법문을 설한 것일 뿐, 아직 다함이 없는 법문을 설한 것은 아니다.[11]

설사 한마디로 연설하여 다하고자 할지라도 곧 두 번째와 세 번째의 두 구절이 서로 어기나니,

한마디로 연설하여 다 하였다면[12] 겁해토록[13] 다시 무엇을 연설할 바가 있어서 연설하여 다함이 없이 한다고 함을 얻겠는가.

다시 연설할 바가 있다고 한다면 앞[14]은 곧 연설하여 다한 것이 아니며,

---

10 그러나 한마디라고 한 등은, 이 가운데 통석할 바 의심하여 비난하는 것이 모두 다 위에 모든 부처님에 나아가 설함을 밟아 생기한 것이다고 『잡화기』는 말한다. 한마디란 부처님의 한마디(一言)이다.
11 아직 다함이 없는 법문을 설한 것은 아니라고 한 것은, 곧 제일구에 부처님 국토의 작은 티끌 수만치 많은 법문의 바다를 설한 것이고, 제삼구에 이와 같이 겁해토록 연설하여 다함이 없이 한다고 한 것을 설한 것은 아니다.
12 한마디로 연설하여 다 하였다고 한 것은, 제이구이다.
13 겁해토록 운운은, 제삼구이다.
14 앞이라고 한 것은, 제이구이다.

또 가히 거듭[15] 연설하지 아니하였을 것이다.[16]

만약 통석通釋하고자 한다면 모두 바라봄에[17] 곧 가히 연설하여 다한

---

[15] 또 가히 거듭 운운은, 제삼구이다.

[16] 또 가히 거듭 연설하지 않았을 것이다고 한 것은, 그 뜻에 말하기를 만약 앞에서 이미 연설하여 다하고 뒤에 또 다시 연설한다면 이것은 곧 거듭 설하는 것이니, 이치에 있어 옳지 않은 것이다. 그렇다면 곧 뒤에 연설하여 다함이 없이 한 것(제삼구)이 어찌 앞에 연설하여 다하였다고 한 것(제이구)에 어긋남이 있지 않겠는가 하니, 이것은 곧 이 뜻도 뒤에 말이 앞의 말에 어긋남을 밝힌 것이다. 혹은 말하기를 이것은 또 다른 뜻이니 이 위에는 서로 어긋나는 것으로써 비난을 삼고, 여기는 중첩으로써 비난을 삼은 것이다 하였다. 역시 『잡화기』의 말이다.

[17] 모두 바라본다고 한 등은, 그 뜻에 말하기를 만약 크게 총합하여 법을 바라보고 논한다면 부처님이 한마디로써 일체법을 연설하여 설하지 않는 바가 없지만 그러나 법이 은隱과 영暎이 중중으로 다함이 없이 있는 것이니, 곧 그 은이라고 한 것은 오히려 다 설하지 못한 바가 있는 까닭으로 겁해토록 다시 연설하여 다함이 없이 한다고 한 것에 방애롭지 않은 것이다. 이 뜻을 비유하여 나타낸즉 한 가지 법을 설하는 것은 마치 물결이 한 곳에 쳐서 문채를 내는 것과 같고, 두 가지 법을 설하는 것은 물결이 두 곳에 쳐서 문채를 내는 것과 같고, 이와 같이 내지 한마디에 불찰미진수 법문을 설하는 것은 물결이 두루 쳐서 문체를 서로 내는 것과 같다.

부처님이 지금에 불찰미진수 법문을 다 설하는 것은 마치 금일에 물결이 두루 쳐서 문채를 서로 내는 것과 같고, 연설하여 다함이 없이 하는 것은 내일(明日)에 다시 물결이 쳐서 문채를 내는 것과 같나니, 법문이 다함이 없는 까닭으로 지금 비록 다 설하지만 내일에 다시 숨은 법을 다시 설함에 방해롭지 않고, 물의 문채가 다함이 없는 까닭으로 비록 금일에 물결이 쳐서 문채를 다 내지만 내일 다시 물결이 쳐서 문채를 또 냄에 방해롭지 않는 것이다. 이 비유가 좋은 비유이기는 하나 그러나 오히려 완전한 비유는

것이요.

은隱과 영映이 중중重重함에[18] 곧 가히 연설하여 다하지 못한 것이니, 마치 물결이 쳐서 문채를 냄에 작게 치고 크게 치고 두루침에 각각 그 침을 따라 문채가 나며,

미래 세상이 다하도록 침에 미래 세상이 다하도록 문채가 나는 것과 같나니,

사의하기 어려운 법문이[19] 되는 것이다.

以一言說盡故者는 釋此一偈라 疏文有二하니 一은 正釋이요 二는 解妨이라 前中에 自有二意하니 一은 佛法對說이니 前句에 一言說盡은 顯佛勝德이요 後句에 劫說不窮은 明法無盡이라 約能包下는 總就佛說이니 是歎佛故라 前二句는 能包요 後一句는 能久라 然이나 一言但說刹塵下는 通妨이니 謂有問云호대 前言說盡이라하고 後云不窮이라하니 豈不相違아 答有二意하니 一은 順文通이요 二는 約理通이라

아니니, 이 비유가 은隱·영映의 뜻을 빠뜨린 까닭이다. 말한 바 이치는 원만하지만 말이 치우친다 한 것이 그런 것이 아니겠는가.

또 이 가운데는 오직 물결이 두루친 것만 취하고, 그 물결이 작게 치고 크게 친 것은 다만 두루침으로 일어남을 삼은 것이다. 이상은 모두 『잡화기』의 말이다.

18 은隱과 영映이 중중重重하다고 한 것은, 아직 설하지 아니한 것은 은隱이고, 이미 설한 것은 영映이다. 즉 은법隱法과 영법映法이다.

19 사의하기 어려운 법문이라고 한 것은 위의 장행에는 부사의법이라 하였다.

今初經云호대 佛刹微塵法門海를 一言演說盡無餘라하니 刹塵法外에 更有無盡之法이라 何妨劫海토록 演說不窮가할새 故反成之호대 設欲一言盡者라도 則二三兩句가 相違라하니 初는 明前違於後요 後에 更有所演下는 明後違於前이라 若欲通者下는 約理會通이니 則前二句는 直是說盡一切諸法이요 後之一句는 不妨無窮이니 若一言不盡者인댄 佛非不思議故니라 故云總說則盡은 成於前句요 隱映無盡은 成於後句라 兼以喩顯은 皆遺忘集意니라

한마디로 연설하여 다한 까닭이라고 한 것은 이 한 게송을 해석한 것이다.
소문疏文에 두 가지 있나니
첫 번째는 바로 해석한 것이요,
두 번째는 방해함을 해석한 것이다.
앞의 가운데 스스로 두 가지 뜻이 있나니
첫 번째는 부처님과 법을 상대하여 설한 것이니
앞의 구절에 한마디로 연설하여 다한다고 한 것은 부처님의 수승한 공덕을 나타낸 것이요,
뒤의 구절에 겁해토록 연설하여 다함이 없이 한다고 한 것은 법이 다함이 없음을 밝힌 것이다.
능포를 잡았다고 한 아래는 모두 부처님께 나아가 설한 것이니 부처님을 찬탄한 까닭이다.
앞의 두 구절은 능포能包요,
뒤의 한 구절은 능구能久이다.

그러나 한마디라고 한 것은 다만 국토 티끌 수 법문을 설한 것일 뿐이라고 한 아래는 방해함을 통석通釋한 것이니,

말하자면 어떤 사람이 물어 말하기를 앞에서는 연설하여 다하였다 말하고, 뒤에서는 다함이 없다고 말하니 어찌 서로 어긴 것이 아니겠는가.

답에 두 가지 뜻이 있나니

첫 번째는 문장을 따라 통석한 것이요,

두 번째는 이치(理)를 잡아 통석한 것이다.

지금은 처음으로 경에 말하기를 부처님 국토의 작은 티끌 수만치 많은 법문의 바다를 한마디로 연설하여 다 남김이 없이 한다 하였으니,

국토 티끌 수 법문 밖에 다시 끝없는 법문(無盡法門)이 있는 것이다. 어찌 겁해토록 연설하여 다함이 없이 한다고 함에 방해가 되겠는가 하기에, 그런 까닭으로 반대로[20] 성립하기를 설사 한마디로 연설하여 다하고자 할지라도 곧 두 번째와 세 번째[21]의 두 구절이 서로 어긴다고 하였으니,

처음은 앞이 뒤를[22] 어김을 밝힌 것이요,

뒤에 다시 연설할 바가 있다고 한다면이라고 한 아래는 뒤가 앞을 어김을 밝힌 것이다.

만약 통석하고자 한다면이라고 한 아래는 두 번째 이치(理)를 잡아

---

20 반대로 운운은, 제삼구로 제이구를 해석하여 성립한 것이다.
21 원문에 二, 二라 한 아래 二 자는 三 자의 잘못이라 고쳤다.
22 앞이란 제이구이고, 뒤란 제삼구이다.

회통한 것이니

곧 앞의 두 구절은 바로 일체 모든 법문을 연설하여 다하였다는 것이요.

뒤의 한 구절은 겁해토록 다함이 없이 함에 방해롭지 않다는 것이니, 만약 한마디로 연설하여 다하지 못한다고 한다면 부처님은 사의할 수 없는 존재가 아닌 까닭이다.

그런 까닭으로 말하기를 모두 연설하여 곧 다하였다고 한 것은 앞의 구절을 성립한 것이요,

은隱과 영映이 다함이 없다고 한 것은 뒤의 구절을 성립한 것이다. 겸하여 비유로써 나타낸 것은 다 『유망집遺忘集』[23]의 뜻이다.

---

23 『유망집遺忘集』은, 십권으로 문초법사文超法師가 지었다. 이 말은 『유망기』의 말이다. 그러나 『잡화기』는 현수법사의 저술이라 하였다.

經

諸佛圓音等世間하야　　衆生隨類各得解나
而於音聲不分別하시니　　普音梵天如是悟니이다

모든 부처님은 원만한 음성을 세간과 같이하여
중생이 유형을 따라 각각 앎을 얻게 하지만
그러나 음성에는 분별이 없으시니
보운음범 천왕이 이와 같이 깨달았습니다.

疏

四中에 圓音之義는 文略有三義하니 一은 廣無邊이요 二는 別詮表요 三은 無分別이니 如次三句니라 餘如出現品辯하니라

네 번째 게송 가운데 원만한 음성이라고 한 뜻은
문장이 간략하게 세 가지 뜻이 있나니
첫 번째는 넓어서 끝이 없는 것이요,
두 번째는 따로 표함을 설명한 것이요,
세 번째는 분별이 없는 것이니,
차례와 같이 삼구三句이다.
나머지[24]는 출현품에서 분별한 것과 같다.

---

24 나머지라고 한 것은, 『잡화기』에 말하기를 원만한 음성의 뜻이 열 가지가 있는 까닭이다 하였다.

출현품 제삼십칠의 이二에 불자야, 보살마하살이 응당 어떻게 여래·응공·정등각의 음성을 아는가. 불자야, 보살마하살이 응당 여래의 음성이 두루 이르는 줄 안다 운운하여 열 가지로 말하였으니 一에 변지遍至, 二에 수심락영환희隨心樂令歡喜, 三에 수신해영환희隨身解令歡喜, 四에 화불실시化不失時, 五에 무생멸無生滅, 六에 무주無主, 七에 심심甚深, 八에 무사곡無邪曲, 九에 무단절無斷節, 十에 무변역無變易이다. 여래의 음성이 다 이와 같다는 것이다. 『현담』 4권에도 이미 나온 바 있다. 교림출판,『화엄경』 4책, p.10, 2행에 있다.

> 經

三世所有諸如來의　　趣入菩提方便行이
一切皆於佛身現이니　自在音天之解脫이니다

삼세에 있는 바 모든 여래의
보리에 취입하는 방편의 행이
일체가 다 부처님의 몸에서 나타내는 것이니
관세언음자재 범천왕의 해탈입니다.

> 疏

五中에 初二句는 即敎化衆生하는 方便行이니 三世諸佛이 皆以利他로 爲向菩提하는 自淸淨業故니라 次句는 前엔 就梵王故로 云憶念이요 今엔 據如來故로 身現耳라 一毛尙現거든 何況全身이리요

다섯 번째 게송 가운데 처음에 두 구절은 곧 위에 중생을 교화하는 방편의 행이라고 한 것이니,
삼세에 모든 부처님이 다 이타행으로써 보리에 나아가는 자기의 청정한 업을 삼는 까닭이다.
다음 구절은 앞에서는 범왕[25]에 나아간 까닭으로 말하기를 기억하고

---

[25] 범왕은 혹 보살이 아닌가 한다. 그 이유는 위의 장행에 보살菩薩의 교화일체중생방편敎化一切衆生方便이라 하였기에 그렇다. 지금 여기서는 여래如來의 취입보리방편趣入菩提方便이라 하였다.

생각한다고 하였고,
지금에는 여래를 의거한 까닭으로 몸에서 나타낸다고 하였다.
한 털구멍에서도 오히려 나타내거든 어찌 하물며 전신全身에서이겠는가.

經

一切衆生業差別일새　　隨其因感種種殊거늘
世間如是佛皆現하시니　　寂靜光天能悟入이니다

일체중생의 업이 다르기에
그 원인을 따라 가지 가지 다름을 감득하거늘
세간이 이와 같음을 부처님이 다 나타내시니
적정광명안 범천왕이 능히 깨달아 들어갔습니다.

疏

六中에 初句는 業相差別이요 次句는 報相差別이요 次句는 現同世間이라

여섯 번째 게송 가운데 처음 구절은 위에 업의 모습이 차별하다고 한 것이요,
다음 구절은 위에 과보(報)의 모습이 차별하다고 한 것이요,
다음 구절은 세간과 같음을 나타낸[26] 것이다.

---

26 세간과 같음을 나타낸다고 한 것은, 세간이라고 한 것은 경문에 세간이라 한 것이고, 같다(同)고 한 것은 경문에 여시如是라 한 것이고, 나타낸다고 한 것은 경문에 불개현佛皆現이라 한 것이다.

> 經

無量法門皆自在하야　　調伏衆生遍十方이나
亦不於中起分別하시니　此是普光之境界이니다

한량없는 법문에 다 자재하여
중생을 조복하고 시방에 두루하지만
또한 그 가운데 분별을 일으키지 않으시니
이것은 보광명 범천왕의 경계입니다.

> 疏

七中에 前二句는 卽隨類調生이나 調法自在故로 能隨類廣遍이라
次句는 顯明前義니 無思成事故니라

일곱 번째 게송 가운데 앞에 두 구절은 곧 유형을 따라 중생을 조복하지만 조복하는 법이 자재한 까닭으로 능히 유형을 따라 널리 두루하는 것이다.
다음 구절은 앞에 뜻[27]을 나타내어 밝힌 것이니
생각 없이 일을 이루는[28] 까닭이다.

---

27 앞에 뜻이란, 처음에 두 구절의 뜻이다.
28 생각 없이 일을 이룬다고 한 것은 무심으로 일을 이루는 것이니, 곧 경문에 또한 그 가운데 분별을 일으키지 않는다 한 뜻이다.

經

佛身如空不可盡하며　　無相無礙遍十方이나
所有應現皆如化하시니　變化音王悟斯道니이다

부처님의 몸은 허공과 같아서 가히 다할 수 없으며
모습도 없고 걸림도 없고 시방에 두루하지만
응함이 있는 곳에 나타나는 것이 다 환화와 같으시니
변화음 범왕이 이 도를 깨달았습니다.

疏

八中에 初二句는 明佛體性이니 卽前淸淨寂滅이라 不可盡下는
略顯四義如空이라 次句는 佛用應現으로 爲行이니 旣皆如化인댄
不失寂滅이라

여덟 번째 게송 가운데 처음에 두 구절은 부처님의 자체성을 밝힌
것이니,
곧 앞에 청정과 적멸이라 한 것이다.
가히 다할 수 없다고 한 아래는 간략하게 네 가지 뜻[29]으로 허공과
같음을 나타낸 것이다.

---

[29] 네 가지 뜻이라고 한 것은 첫째는 가히 다할 수 없는 것(不可盡)이고, 둘째는 모습이 없는 것(無相)이고, 셋째는 걸림이 없는 것(無碍)이고, 넷째는 시방에 두루하는 것(徧十方)이다.

다음 구절은 부처님의 작용이 응함에 나타남으로 행을 삼나니, 이미 다 환화幻化와 같다고 하였다면 적멸을 잃지 아니한 것이다.

> 經

如來身相無有邊하며　　智慧音聲亦如是하야
處世現形無所著하시니　光耀天王入此門이니다

여래의 몸 모습은 끝이 없으며
지혜와 음성도 또한 이와 같아서
세간에 거처하여 형상을 나타내지만 집착하는 바가 없으시니
광요안 범천왕이 이 문에 들어갔습니다.

> 疏

九中에 初二句는 所現無有邊이요 次句는 勤現無依著이라

아홉 번째 게송 가운데 처음에 두 구절은 나타내는 바가 끝이 없는 것이요,
다음 구절은 부지런히 나타내지만[30] 의지함도 없고 집착함도 없는 것이다.

---

30 고본에 근관勤觀이라 한 관觀 자는 현現 자로 고친다. 근현勤現은 장행문에 상근출현常勤出現이라 한 말의 줄인 말이다. 영인본 화엄 2책, p.782, 1행에 있다.

經

法王安處妙法宮하야　　法身光明無不照나
法性無比無諸相하시니　此海音王之解脫이니다

법왕이 묘법의 궁전에 편안히 거처하여
법신의 광명을 비추지 아니함이 없지만
법의 자체성은 비유할 곳도 없고 모든 모습도 없으시니
이것은 열의해음 범천왕의 해탈입니다.

疏

十中에 初二句는 常思大用無盡이니 謂安住大悲宮하야 能現大事故라 次句는 常觀法體無盡이라

열 번째 게송 가운데 처음에 두 구절은 항상 큰 작용이 끝이 없음을 사유하는 것이니,
말하자면 대비의 궁전에 편안히 머물러서 능히 큰일을 나타내는 까닭이다.
다음 구절은 항상 법의 자체성이 끝이 없음을 관찰하는 것이다.

> 經

復次 自在天王은 得現前成熟無量衆生호대 自在藏의 解脫門하며

다시 자재 천왕[31]은 앞에 나타나 한량없는 중생들을 성숙케 하되 자재로 하는 창고의 해탈문을 얻었으며

> 疏

自下는 第二에 欲界諸天이라 文有七段하니 第一은 他化天王이라 長行十法中에 一은 謂現衆生前하야 自在調伏하야 使其成熟이니 化法無盡일새 故名爲藏이라

여기부터 아래는 제 두 번째 욕계의 모든 하늘이다.
문장에 칠단이 있나니,[32]
첫 번째는 타화자재 천왕이다.
장행문 십법 가운데 첫 번째는 말하자면 중생들 앞에 나타나서 자재로 조복하여 그들로 하여금 성숙케 하는 것이니,
교화하는 법이 끝이 없기에 그런 까닭으로 이름을 장藏이라 하는 것이다.

---

31 자재 천왕 이하는 제 다섯 번째 난승지에 속한다.
32 문장에 칠단이 있다고 한 것은, 본래 욕계는 육천이지만 일천자日天子와 월천자月天子를 나누기에 칠단이 되는 것이다.

經

善目主天王은 得觀察一切衆生樂하야 令入聖境界樂케하는 解脫門하며

선목주 천왕은 일체중생의 즐거움을 관찰하여 하여금 성인의 경계의 즐거움에 들어가게 하는 해탈문을 얻었으며

疏

二는 觀世樂相이 皆苦일새 故應捨요 觀世樂性일새 卽入聖樂이라

두 번째는 세간에 즐거움의 모습이 다 고통임을 관찰하기에 그런 까닭으로 응당 버리게 하고,
세간에 즐거움의 성품을 관찰하기에 곧 성인의 즐거움에 들어가게 하는 것이다.

> 經

妙寶幢冠天王은 **得隨諸衆生**의 **種種欲解**하야 **令起行**케하는 **解脫門**하며

묘보당관 천왕은 모든 중생의 가지가지 낙욕과 견해를 따라 하여금 정행正行을 일으키게 하는 해탈문을 얻었으며

> 疏

三은 **隨樂斷疑**하고 **令起正行**이라

세 번째는 낙욕樂欲을 따라 의심을 끊고
하여금 정행正行을 일으키게 하는 것이다.

經

勇猛慧天王은 得普攝爲一切衆生하야 所說義하는 解脫門하며

용맹혜 천왕은 널리 일체중생을 위하여 설한 바 뜻을 섭수하는 해탈문을 얻었으며

疏

四는 一言으로 普攝諸義하야 遍於時處하야 爲物而說이라

네 번째는 한마디로 널리 모든 뜻을 섭수하여
그때 그곳에 두루하여
중생을 위하여 설하는 것이다.

> 經

妙音句天王은 得憶念如來廣大慈하야 增進自所行하는 解脫門하며

묘음구 천왕은 여래의 광대한 자비를 기억하고 생각하여 스스로 행할 바에 더욱더 나아가는[33] 해탈문을 얻었으며

> 疏

五는 倣佛修慈라

다섯 번째는 부처님을 본받아
자비를 수행하는 것이다.

---

[33] 진進 자는 정진의 뜻으로 보아도 무방하다 하겠다.

經

妙光幢天王은 得示現大悲門하야 摧滅一切憍慢幢하는 解脫門하며

묘광당 천왕은 대비문을 시현하여 일체 교만의 당기를 꺾어 없애는 해탈문을 얻었으며

疏

六에 示現等者는 大悲十力으로 摧彼慢高나 而無摧心일새 故云示現이라하니라

여섯 번째 대비문을 시현한다고 한 등은, 대비의 십력으로 저 교만의 높은 당기를 꺾지만 꺾는다는 마음이 없기에 그런 까닭으로 말하기를 시현示現이라 한 것이다.

> 經

寂靜境天王은 得調伏一切世間의 瞋害心하는 解脫門하며

적정경 천왕은 일체 세간의 성내고 해치는 마음을 조복하는 해탈문을 얻었으며

> 疏

七은 以智慧光으로 照諸世間하야 令離三毒之闇케하면 則無惡趣之果리라 瞋癡障重故로 與偈互陳하나라

일곱 번째는 지혜의 광명으로써 모든 세간을 비추어[34] 하여금 삼독의 어둠을 떠나게 하면[35] 곧 악취의 과보가 없어지는[36] 것이다. 성냄과 어리석음의 장애가 무거운 까닭으로 게송으로 더불어 호용互用하여 진술하였다.[37]

---

[34] 지혜의 광명으로써 모든 세간을 비춘다고 한 것은, 아래 게송의 제일구에 지혜의 광명이 청정하여 세간에 충만하다 한 것이다.

[35] 하여금 삼독의 어둠을 떠나게 한다고 한 것은, 아래 게송의 제이구에 만약 보는 사람이 있다면 어리석음의 어둠을 제거한다 한 것이다.

[36] 곧 악취의 과보가 없어진다고 한 것은, 아래 게송의 제삼구에 그로 하여금 모든 악도에서 멀리 떠나게 할 것이다 한 것이다.

[37] 게송으로 더불어 호용互用하여 진술하였다고 한 것은, 여기 장행문에서는 진해瞋害라 말하고, 아래 게송에서는 치암痴暗이라 말하니 진瞋과 치痴를 호용한 것이라 하겠다.

經

妙輪莊嚴幢天王은 得十方無邊佛이 隨憶念悉來赴하는 解脫門하며

묘륜장엄당 천왕은 시방의 끝없는 부처님이 기억하고 생각함을 따라 다 와서 이르는 해탈문을 얻었으며

疏

八에 十方等者는 爲念佛三昧가 純熟故로 隨念何佛하야 卽能得見이니 如休捨解脫等이라

여덟 번째 시방의 끝없는 부처님이라고 한 등은 염불삼매가 순숙한 까닭으로 어떤 부처님을 생각함을 따라 곧 능히 친견함을 얻는 것이니,
휴사 우바이[38]와 해탈장자 등과 같다.

---

38 휴사 우바이라고 한 등은 다 오십삼 선지식의 한 분이니, 이 선지식의 처소에서 염불삼매문을 말하고 있다. 상자권翔字卷 하권 1장 5행에 나타나 있다. 『잡화기』에는 휴사는 선재가 참문한 바 선지식이니 상자권 하권을 보라 하였다.

經

華光慧天王은 得隨衆生心念하야 普現成正覺하는 解脫門하며

화광혜 천왕은 중생이 마음에 생각함을 따라서 널리 정각을 성취함을 나타내는 해탈문을 얻었으며

疏

九는 應念現成이라

아홉 번째는 중생의 생각에 응하여[39] 성취함[40]을 나타낸 것이다.

---

39 원문에 응·應 자는 경문에 수·隨 자의 뜻이다.
40 성취한다고 한 것은 정각을 성취한다는 것이다.

經

因陀羅妙光天王은 得普入一切世間하야 大威力自在法의 解脫門하니라

인다라묘광 천왕은 널리 일체 세간에 들어가서 큰 위력으로 자재하는 법의 해탈문을 얻었느니라.

疏

十에 普入等者는 寂用自在하야 現世調生일새 總名威力이라

열 번째 널리 일체 세간에 들어간다고 한 등은 고요한 자체(寂)와 작용(用)이 자재하여 세간에 나타나 중생을 조복하기에 모두 이름하여 위력威力이라 한 것이다.

> 經

爾時에 自在天王이 承佛威神하야 普觀一切自在天衆하고 而說頌言호대

佛身周遍等法界하야　普應衆生悉現前하사
種種教門常化誘하며　於法自在能開悟니이다

그때에 자재 천왕이 부처님의 위신력을 받아 널리 일체 자재천의 대중을 관찰하고 게송을 설하여 말하기를,

부처님의 몸은 두루하여 법계와 같아서
널리 중생에게 응하여 다 그들 앞에 나타나
가지가지 교문教門으로 항상 교화하고 달래며
저 법에 자재하여 능히 깨닫게 하십니다.

> 疏

偈中에 亦十이라 初中에 初句는 體遍이요 次句는 用周니 故能現前이라 次句는 教藏能成이요 後句는 所成自在니 開於法藏하야 悟深法門이 即成熟也라

게송 가운데 또한 열 게송이 있다.
처음 게송 가운데 처음 구절은 자체가 두루한 것이요,

다음 구절은 작용이 두루한 것이니,
그런 까닭으로 능히 중생 앞에 나타나는 것이다.
다음 구절은 교장敎藏으로[41] 능히 중생을 성숙케 하는 것이요,
뒤의 구절은 성숙케 하는 바에 자재한[42] 것이니,
법장法藏을 열어서 깊은 법문을 깨닫게 하는 것이 곧 성숙이다.

---

41 다음 구절이라고 한 것은 제삼구이다. 교장敎藏이라고 한 것은 교문敎門이다.
42 원문에 소성자재所成自在라고 한 것은, 강사가 말하기를 소성所成은 곧 법이 이것이니 저 법장이 중생에 있어서는 깨달을 바이고, 부처님에 있어서는 이룬 바이니, 말하자면 부처님이 저 중생이 수지할 바 법으로 하여금 점점 성숙함을 얻게 하는 까닭이라 하지만, 어리석은 나는 곧 중생이 이 소성所成이라 하겠다. 이상은 역시 『잡화기』의 말이다. 그러나 원문에 소성자재所成自在라고 한 것은 성숙케 할 바 중생에 자재하며 또 이룰 바 법에 자재하다는 것이다. 이 두 가지 뜻 가운데 첫 번째 뜻이 옳다 하겠다.

經

世間所有種種樂에　　聖寂滅樂爲最勝하야
住於廣大法性中하시니　妙眼天王觀見此니이다

세간에 있는 바 가지가지 즐거움에
성인의 적멸락으로 가장 수승함을 삼아
저 광대한 법성 가운데 머물게 하시나니,
묘안 천왕[43]이 이것을 관찰하고 보았습니다.

疏

二中에 初二句는 二樂이요 次句는 令入이라

두 번째 게송 가운데 처음에 두 구절은 두 가지 즐거움[44]을 말한 것이요,
다음 구절은 성인의 적멸락에 하여금 들어가게 하는 것이다.

---

43 묘안 천왕妙眼天王이란, 장행문에는 선목 천왕善目天王이라 하였다.
44 두 가지 즐거움이란 첫째는 중생세간락衆生世間樂이요, 둘째는 성인출세적멸락聖人出世寂滅樂이다. 『잡화기』에는 세락世樂과 성락聖樂이 이 두 가지 즐거움이니 다른 말로 수고하지 말 것이다 하였다.

> 經

如來出現遍十方하사 普應群心而說法하야
一切疑念皆除斷하시니 此妙幢冠解脫門이니다

諸佛遍世演妙音하사 無量劫中所說法을
能以一言咸說盡하시니 勇猛慧天之解脫이니다

여래가 출현하여 시방에 두루하사
널리 중생(群生)의 마음에 응하여 법을 설하여
일체 의심하는 생각을 다 제거하여 끊으시니
이것은 묘보당관 천왕의 해탈문입니다.

모든 부처님이 세간에 두루하여 미묘한 음성을 연설하여
한량없는 세월 가운데 설한 바 법을
능히 한마디로써 다 설하여 다하시니
용맹혜 천왕의 해탈입니다.

> 疏

三四는 可知라

세 번째와 네 번째 게송은 가히 알 수가 있을 것이다.

經

世間所有廣大慈라도　　不及如來一毫分하며
佛慈如空不可盡하나니　此妙音天之所得이니다

세간에 있는 바 광대한 자비라도
여래의 한 털끝 자비에도 미치지 못하며
부처님의 자비는 허공과 같아 가히 다할 수 없나니
이것은 묘음구 천왕의 얻은 바입니다.

疏

五中에 三句는 共顯如來大慈라 初二句는 擧劣顯勝이요 次句는 以喩正顯이니 謂世慈有相하야 若須彌之高라도 大海之廣이라도 終可傾盡거니와 佛慈稱性하야 若芥子之空이라도 投刃之地라도 卽不可盡이니라 又如空은 有普覆常攝하고 廣容無礙하고 難壞無盡이나 略擧一無盡耳니라

다섯 번째 게송 가운데 세 구절은 함께 여래의 큰 자비를 나타낸 것이다.
처음에 두 구절은 세간의 하열한 자비를 들어 부처님의 수승한 자비를 나타낸 것이요,[45]

---

[45] 처음에 두 구절은 세간의 하열한 자비를 들어 부처님의 수승한 자비를 나타낸

다음 구절은 허공의 비유로써 바로 나타낸 것이니,
말하자면 세간의 자비는 모습(相)이 있어서 수미산과 같이 높을지라도, 큰 바다와 같이 넓을지라도 마침내 가히 기울어져 다함이 있거니와
부처님의 자비는 성품(性)에 칭합하여 개자芥子와 같은 빈틈이라도 칼을 움직일 만한 여지餘地라도 곧 가히 다할 수 없는 것이다.[46]
또 저 허공은 널리 덮어주고 항상 섭수하고 널리 용납하고 걸림이 없고 무너뜨리기 어렵고 다함이 없다는 뜻이 있지만, 다 생략하고 그중 하나인 다함이 없다는 뜻만 들었을 뿐이다.

芥子之空者는 卽四十一經云호대 佛子야 譬如虛空은 於蟲所食인 芥子孔中에도 亦不減小하며 於無數世界中에도 亦不增廣인달하야 其諸佛身도 亦復如是하야 見大之時에도 亦無所增하며 見小之時에도 亦無所減이라하니 今但取能喩니라 投刃之地者는 卽莊子中에 庖丁이 爲文惠君하야 解牛十九年이나 而刀刃이 若新發於硎하야 君問其故한대 答云호대 臣始見牛에 爲全牛也러니 今見非全牛니이다 彼

다고 한 것은, 처음 구절은 세간의 하열한 자비를 든 것(擧劣)이고, 제 두 번째 구절은 부처님의 수승한 자비를 나타낸(顯勝) 것이다.

46 부처님의 자비라고 한 아래는, 부처님의 자비가 끝이 없음을 말하고 있다. 개자芥子와 같은 빈틈이라고 한 것은, 벌레가 먹은 개자 구멍이고, 칼을 움직일 만한 여지餘地라고 한 것은, 칼을 움직이는 뼈 사이 작은 공간을 말한다. 가히 다할 수 없다고 한 것은, 그 자비를 다할 수 없다는 것이다.

節者는 有間하고 而刀刃者는 無厚하니 以無厚之刃으로 入有間之節에 恢恢乎하야 其於遊刃에 必有餘地矣라하니라 故文選云호대 投刃에 皆虛요 目牛에 無全이라하니라 今借其骨間小空하야 以對上小空하야 爲眞俗之況耳니라

개자와 같은 빈틈이라고 한 것은, 곧 『화엄경』 사십일권[47]에 말하기를 불자야, 비유하자면 허공은 벌레가 먹은 바 개자만 한 빈틈 가운데도 또한 감소하지 아니하며,
수없는 세계 가운데도 또한 증광增廣하지 아니함과 같아서, 그 모든 부처님의 몸도 또한 다시 이와 같아서 큰 것을 볼 때도 또한 증광하는 바가 없으며
작은 것을 볼 때도 또한 감소하는 바가 없다 하였으니,
지금에는 다만 능히 비유한(能喩) 것만 취하였을[48] 뿐이다.

칼을 움직일 만한 여지라고 한 것은, 곧 『장자』[49] 가운데 포정庖丁이 문혜군文惠君을 위하여 소 잡는 일을 십구 년을 하였지만 칼날이 새로 숫돌[50]에 간 것과 같으므로 문혜군이 그 까닭을 물은데, 포정이

---

47 사십일권은 십정품이다.
48 능히 비유한(能喩) 것만 취하였다고 한 것은, 그 모든 부처님 몸도 운운한 법은 취하지 않고, 앞에 비유하자면 개자만한 빈틈이라고 한 비유만 취하였다는 것이다.
49 『장자』 운운은, 『장자』는 양생주편養生主篇이다. 포정庖丁은 백정白丁, 백장이라고도 한다. 문혜군文惠君은 양혜왕梁惠王이다.

답하여 말하기를 제(臣)가 처음에는 소를 봄에[51] 전체가 소이더니, 지금에는 소를 봄에 전체가 소가 아닙니다.

저 소의 뼈마디는 빈틈이 있고 칼날은 두께가 없으니,

두께 없는 칼로 틈이 있는 뼈마디에 집어넣음에 넓고도 넓어 그 칼을 놀림에 반드시 여지가 있습니다라고 하였다.

그런 까닭으로 『문선文選』[52]에 말하기를 칼이 움직임에 다 빈틈이요, 소를 봄에 전체가 소가 아니다 하였다.

지금에는 그 뼈마디 사이의 작은 빈틈을 빌려 위에 개자의 작은 빈틈을 상대하여 진제와 속제에 비유하였을[53] 뿐이다.

---

50 礪은 숫돌 형 자이다.

51 원문에 신시견우臣始見牛로부터 비전우非全牛까지는 본문과 조금 다르다. 『장자』 양생주편 본문에는 시신지해우지시始臣之解牛之時에 소견무비우자所見無非牛者러니 삼년지후三年之後에 미상견전우야未嘗見全牛也라 하니라. 즉 처음 제가 소를 해부할 때는 본 바가 소 아님이 없더니, 삼 년이 지난 뒤에는 일찍이 전체가 소로 보이지 않았다는 것이다. 즉 마음으로 소를 해부하였다는 것이다.

52 『문선文選』이란, 주周나라부터 양梁나라까지 시문詩文을 모은 책이니, 양나라 소명태자昭明太子인 소통蕭統이 지은 것으로 삼십 권이다. 그 뒤에 당나라 이선李善이 주석을 더하여 육십 권으로 만들었다.

53 진제와 속제에 비유하였다고 한 것은, 개자 비유는 곧 내전인 까닭으로 진제에 비유하고, 칼을 움직이는 비유는 곧 외전인 까닭으로 속제에 비유한 것이다라고 『잡화기』는 말한다. 진제는 부처님의 자비이고, 속제는 세간의 자비이다.

> 經

一切衆生慢高山을　　十力摧殄悉無餘는
此是如來大悲用이시니　妙光幢王所行道이니다

慧光淸淨滿世間거늘　若有見者除癡暗하야
令其遠離諸惡道하시니　寂靜天王悟斯法이니다

毛孔光明能演說　　等衆生數諸佛名하야
隨其所樂悉得聞하니　此妙輪幢之解脫이니다

일체중생의 교만의 높은 산을
십력으로 꺾어 다하여⁵⁴ 다 남음이 없게 하는 것은
이것은 이 여래의 큰 자비의 작용이시니
묘광당 천왕이 행한 바 도道입니다.

지혜의 광명이 청정하여 세간에 충만하거늘
만약 보는 사람이 있다면 어리석은 어둠을 제거하여
그로 하여금 모든 악도에서 멀리 떠나가게 하시니
적정경 천왕이 이 법을 깨달았습니다.

털구멍의 광명이 능히

---
54 殄은 다할 진, 끊을 진 자이다.

중생의 수와 같은 모든 부처님의 명호를 연설하여
그들이 좋아하는 바를 따라서 다 들음을 얻게 하나니
이것은 묘륜장엄당 천왕의 해탈입니다.

疏

六七與八은 文亦可知니라

여섯 번째와 일곱 번째와 더불어 여덟 번째 게송은
문장을 또한 가히 알 수가 있을 것이다.

> 經

如來自在不可量하야　　法界虛空悉充滿거든
一切衆會皆明覩하나니　此解脫門華慧入이니다

여래는 자재하여 가히 헤아릴 수 없어서
법계 허공계에 다 충만하거든
일체 모인 대중들이 다 분명하게 보나니
이 해탈문에는 화광혜 천왕이 들어갔습니다.

> 疏

九中에 初二句는 明佛體普遍하야 無成不成이요 次句는 隨衆生心하야 現成正覺이라

아홉 번째 게송 가운데 처음에 두 구절은 부처님의 자체가 널리 두루하여 성취하고 성취하지 못함이 없음을 밝힌 것이요, 다음 구절은 위에 중생의 마음을 따라서 정각을 성취함을 나타낸다고 한 것이다.

經

無量無邊大劫海에　　普現十方而說法이나
未曾見佛有去來하나니　此妙光天之所悟니이다

한량없고 끝없는 큰 세월의 바다에
널리 시방에 나타나 법을 설하시지만
일찍이 부처님은 가고 옴이 있음을 보지 못하였나니
이것은 인다라묘광 천왕의 깨달은 바입니다.

疏

十中에 普現十方은 卽普入一切世間이요 餘皆威力自在니라

열 번째 게송 가운데 널리 시방에 나타났다고 한 것은 곧 위에
널리 일체 세간에 들어갔다고 한 것이요,
나머지는 다 위에 큰 위력으로 자재하다고 한 것이다.

鈔

餘皆威力自在者는 大集經云호대 孩子는 以啼爲力하고 女人은 以瞋
爲力하고 外道는 以見爲力하고 波旬은 以生死爲力하고 菩薩은 以慈
悲爲力하고 佛以智慧爲力이라하니 故以說法으로 皆爲威力이니라

나머지는 다 위에 큰 위력으로 자재하다고 한 것이라고 한 것은,
『대집경』에 말하기를 손자는 울음으로써 힘을 삼고,
여자는 진심(瞋)으로써 힘을 삼고,
외도는 사견으로써 힘을 삼고,
마왕 파순은 생사로써 힘을 삼고,
보살은 자비로써 힘을 삼고,
부처님은 지혜로써 힘을 삼는다 하였으니
그런 까닭으로 설법으로써 다 위력을 삼는 것이다.

㉓

復次 善化天王은 **得開示一切業**의 **變化力**하는 **解脫門**하며

다시 선화 천왕[55]은 일체 업의 변화하는 힘을 개시開示하는 해탈문을 얻었으며

㉗

第二는 化樂天이라 長行十一法中에 一은 爲物開示諸業이 如化이니 化雖體虛나 而有作用이 爲力이요 業亦從緣하야 無性이나 而報不亡이라

제 두 번째는 화락천이다.
장행문 십일법 가운데 첫 번째는 중생을 위하여 모든 업을 개시하는 것이 변화와 같나니,
변화는 비록 그 자체가 허망하지만 그러나 작용이 있는 것이 힘이 되는 것이요,
업도 또한 인연을 좇아 자성이 없지만 그러나 과보가 없지는 않는 것이다.

---

55 선화 천왕 이하는 제 네 번째 염혜지에 속한다.

經

寂靜音光明天王은 得捨離一切攀緣하는 解脫門하며

적정음광명 천왕은 일체 반연을 버리고 떠나는 해탈문을 얻었으며

疏

二에 捨離等者는 攀取緣慮가 是惑病之本이니 若心境無得인댄 則捨攀緣이리라

두 번째 버리고 떠난다고 한 등은, 반연으로 취하고 반연으로 생각하는 것이 이것이 혹병惑病의 근본이니,
만약 마음과 경계를 얻을 것이 없다면 곧 반연을 버릴 것이다.

鈔

攀取緣慮가 是惑病之本者는 卽淨名問疾品이라 經云호대 何謂病本고 謂有攀緣이라 何所攀緣고 謂之三界라 云何斷攀緣고 以無所得이니 若無所得인댄 則無攀緣이라 何謂無所得고 謂離二見이라 何謂二見고 謂內見外見이니 是無所得이라하니 故로 今疏云호대 心境無得인댄 則捨攀緣이라하니라

반연으로 취하고 반연으로 생각하는 것이 이것이 혹병의 근본이라고

한 것은 곧 『정명경』 문질품이다.
경에 말하기를 어떤 것을 병의 근본이라 말하는가.
반연이 있는 것을 말하는 것이다.
어느 곳에서 반연하는가.
삼계를 말하는 것이다.
어떻게 반연을 끊는가.
얻을 바가 없는 것으로써 끊나니
만약 얻을 바가 없다면 곧 반연이 없을 것이다.
어떤 것을 얻을 바가 없다고 말하는가.
이견二見을 떠나는 것을 말하는 것이다.
어떤 것을 이견이라 말하는가.
내견內見과 외견外見을 말하는 것이니
이것을 얻을 바가 없다고 하는 것이다 하였으니,
그런 까닭으로 지금 소문에서 말하기를 마음과 경계를 얻을 것이 없다면 곧 반연을 버릴 것이다 하였다.

> 經

變化力光明天王은 **得普滅一切衆生癡暗心**하야 **令智慧圓滿**케 하는 **解脫門**하며

변화력광명 천왕은 널리 일체중생의 어리석음의 어두운 마음을 소멸하여 지혜로 하여금 원만케 하는 해탈문을 얻었으며

> 疏

三은 闇滅智生호미 如月盈缺이라

세 번째는 어리석음의 어둠이 사라지면 지혜가 생기는 것이 마치 달이 차고 이지러지는 것과 같다.[56]

---

[56] 마치 달이 차고 이지러지는 것과 같다고 한 것은, 이 가운데 어리석음의 어둠이 생기고 지혜가 사라지는 것으로써 달의 이지러짐에 비유하고, 어리석음의 어둠이 사라지고 지혜가 생기는 것으로써 달의 참에 비유한 것이니, 그 뜻은 번뇌와 지혜가 자체가 둘이 없음을 나타내는 까닭이라고 『잡화기』는 말하고 있다. 찬다는 것은 밝음이고, 이지러진다는 것은 어둠이다.

經

莊嚴主天王은 得示現無邊悅意聲하는 解脫門하며

장엄주 천왕은 끝없이 마음을 기쁘게 하는 소리를 시현하는 해탈문을 얻었으며

疏

四에 示現等者는 梵聲微妙일새 故云悅意요 應遍十方일새 故云無邊이라

네 번째 끝없이 마음을 기쁘게 하는 소리를 시현한다고 한 등은 범성梵聲이 미묘하기에 그런 까닭으로 말하기를 마음을 기쁘게 한다고 한 것이요,
시방에 응하여 두루하기에 그런 까닭으로 말하기를 끝이 없다고 한 것이다.

經

念光天王은 得了知一切佛의 無盡福德相하는 解脫門하며

염광 천왕은 일체 부처님의 끝없는 복덕의 모습을 요달하여 아는 해탈문을 얻었으며

疏

五에 知一切等者는 此有三義하니 一은 福德之相이 有十蓮華藏世界微塵數故로 無有盡이요 二는 謂淸淨慈門等이 無限因所生故니 一一因果가 皆稱眞故로 一一卽無有盡하야 皆同虛空이요 三은 大慈悲行이 是福德相이니 使盲聾視聽等이 皆慈善根力故니라 涅槃經中에 有聞讚佛爲大福德하고 怒云호대 生經七日에 母便命終거니 豈謂大福德相고 讚者云호대 年志俱盛이나 而不卒暴하며 打之不瞋하며 罵之不報하니 是故我言호대 大福德相이라하노라 怒者聞而心伏이라하니 故慈爲無盡福相이니라 然이나 與前義相成하니라

다섯 번째 일체 부처님의 끝없는 복덕의 모습을 요달하여 안다고 한 등은, 여기에 세 가지 뜻이 있나니[57]

---

[57] 세 가지 뜻이 있다고 한 것은, 앞에 두 가지는 다함이 없다는 뜻이고, 제 세 번째는 다만 자비로 복덕의 모습을 삼은 것만 밝히고 다함이 없다는

첫 번째는 복덕의 모습이 십연화장十蓮華藏 세계의 작은 티끌 수만치 많이 있는 까닭으로 끝이 없는 것이요,

두 번째는 말하자면 청정한 자비 등이 한없는 인연으로 소생하는 까닭이니,[58]

낱낱 인과가 다 진여에 칭합하는 까닭으로 낱낱 인과가 곧 끝이 없어서 다 허공과 같은 것이요,

세 번째는 큰 자비의 행이 이 복덕의 모습이니,

봉사와 귀머거리로 하여금 보고 듣게 하는 등이 다 자비의 선근력인 까닭이다.

『열반경』 가운데 어떤 사람이 부처님은 큰 복덕의 모습을 갖춘 분이라 찬탄함을 듣고 분노하여 말하기를, 태어난 지 칠일 만에 어머니가 문득 목숨을 마쳤거니 어찌 큰 복덕의 모습을 갖춘 이라 말하는가.

찬탄하는 사람이 말하기를 나이와 뜻이 함께 많지만 마음은 졸폭卒暴[59]하지 아니하며,

누가 쳐도 성내지 아니하며,

뜻은 말하지 아니하였다. 이상은 『유망기』의 말이다. 그러나 『잡화기』에는 처음에 뜻은 넓고 큰 까닭으로 끝이 없고, 뒤에 두 가지 뜻은 경계를 끊은 까닭으로 끝이 없는 것이니 그 가운데 앞에 두 가지 뜻은 자慈로 원인을 삼고, 제 세 번째 뜻은 비悲로 원인을 삼는다 하였다.

58 『잡화기』에 소생고所生故'니' 吐라 하였으니 참고할 것이다. '이며' 吐로 보는 이도 있기에 하는 말이다. 나는 '니' 吐로 본다.

59 졸폭卒暴이란, 갑자기, 돌연의 뜻이 있다.

누가 욕을 하여도 보복하지 아니하니,
이런 까닭으로 내가 말하기를 큰 복덕의 모습을 갖춘 이라 한 것이다.
이에 분노한 사람이 듣고 마음속 깊이 절복하였다 하였으니,
그런 까닭으로 자비로 끝없는 복덕의 모습을 삼은 것이다.
그러나 앞의 뜻으로 더불어 서로 성립한다[60] 하겠다.

鈔

涅槃經中에 有聞讚佛等者는 卽三十八經이니 南經三十五라 諸婆羅門이 欲與佛挌力하니 爾時에 復有一婆羅門이 作如是言호대 瞿曇沙門은 成就具足無量功德하니 汝等은 不應與諍하라 大衆答言호대 癡人아 云何說言沙門瞿曇이 具大功德하며 其生七日에 母便命終거니 是何得名福德相耶아 婆羅門言호대 罵時不瞋하며 打時不報하니 當知하라 卽是大福德相이요 其身이 具足三十二相과 八十種好와 無量神通하니 是故當知하라 是福德相이요 心無憍慢하야 先意問訊하며 言語柔軟하야 初無麤獷하며 年志俱盛이나 心不卒暴하며 王國多財를 無所愛戀하야 捨之出家를 如棄涕唾하시니 是故我說호대 沙門瞿曇은 成就具足無量功德이라하노라 大衆答言호대 善哉仁者여 瞿曇沙門이 實如所說하야 成就無量神通變化인댄 我不應與彼로 挌試라호미 是事니라 釋曰호대 文甚昭著일새 今但義引이라 略不引相好者

---

60 앞의 뜻으로 더불어 서로 성립한다고 한 것은, 여기 세 가지 뜻 가운데 제 두 번째 뜻이라고 소문에서 밝혔다. 곧 제 두 번째 뜻과 제 세 번째 뜻이 서로 성립한다는 것이다.

는 前已有故니라 然이나 與前義相成者는 第二義는 慈爲相因이요 此義는 慈卽是相果이니 果由因致하고 復能顯因일새 故云相成이라하니라

『열반경』 가운데 어떤 사람이 부처님은 큰 복덕의 모습을 갖춘 이라 찬탄함을 들었다고 한 등은 곧 삼십팔경[61]이니, 남경南經으로는 삼십오경이다.

모든 바라문이 부처님으로 더불어 힘을 겨루어[62] 시험하고자 하니, 그때에 다시 어떤 한 바라문이 이와 같이 말하기를 구담瞿曇[63] 사문은 한량없는 공덕을 성취하고 구족하였으니 그대 등은 응당 더불어 다투지 말 것이다.

대중[64]들이 대답하여 말하기를 어리석은 사람아,

어떻게 사문 구담이 큰 공덕을 갖추고 있다고 말하며,

그가 태어난 지 칠일 만에 어머니가 문득 목숨이 마쳤거니 이 어찌 복덕의 모습을 갖춘 분이라 이름함을 얻겠는가.

그 바라문이 말하기를 그 누가 욕을 할 때도 성내지 아니하며, 칠 때도 보복하지 아니하니,

마땅히 알아라.

곧 이것이 큰 복덕의 모습을 갖춘 분이요,

---

61 삼십팔경은 북장경이다.
62 원문에 각挶은 각시挶試이니 겨루어 시험한다는 뜻이다. 挶은 떠밀 각이다.
63 구담瞿曇은 석가모니를 말한다.
64 대중은 모든 바라문을 말한다.

그 몸이 삼십이상과 팔십종호와 한량없는 신통을 갖추고 있으니,
이런 까닭으로 마땅히 알아라.
이것이 복덕의 모습을 갖춘 분이요,
마음은 교만함이 없어 저보다 먼저 문안[65]하며,
말은 부드러워 처음부터 거칠거나 사납지[66] 아니하며,
나이와 뜻이 함께 많지만 마음은 졸폭하지 아니하며,
왕국에 수많은 재물을 좋아하거나 연모하는 바가 없어서 그것을 버리고 출가하는 것을 마치 눈물과 침을 버리는 것같이 하시니,
이런 까닭으로 내가 말하기를 사문 구담은 한량없는 공덕을 성취하고 구족하였다 한 것이다.
대중들이 대답하여 말하기를 훌륭하다 인자仁者여,
구담 사문이 진실로 그대가 말한 바와 같아서 한량없는 신통변화를 성취하였다면 우리들이 응당 저 구담으로 더불어 겨루어 시험하지 않을 것이다 한 것이 이 사실이다.
해석하여 말하기를 『열반경』의 문장이 매우 밝게 드러났기에 지금에는 다만 뜻으로만 인용하였을 뿐이다.
삼십이상과 팔십종호를 생략하고 인용하지 않는 것은 앞에 이미 있었기 때문이다.[67]

---

65 문신問訊은 문안이라 번역하였으나 원래는 찾다, 방문하다의 뜻이다.
66 擴은 사나울 광이다.
67 앞에 이미 있었기 때문이라고 한 것은, 경문 가운데 삼십이상과 팔십종호라는 말이 있지만 소문 가운데 인용하지 아니한 것은 앞의 제일의第一義 가운데 연화蓮華 운운이 이 삼십이상과 팔십종호인 까닭으로 앞에 이미 있었기 때문이

그러나 앞으로 더불어 뜻이 서로 성립한다고 한 것은, 제 두 번째 뜻은 자비가 삼십이상의 원인(因)이요,

여기 제 세 번째 뜻은 자비가 곧 이 삼십이상의 과보(果)이니, 과보(果)는 원인(因)을 인유하여 이루어지고 다시 능히 원인(因)을 나타내기에 그런 까닭으로 말하기를 서로 성립한다 한 것이다.

다. 그러나 『잡화기』는 이미 있었다고 한 것은 『현담』을 가리키는 것이라 하니 살펴볼 것이다.

> 經

最上雲音天王은 得普知過去一切劫에 成壞次第하는 解脫門하며

최상운음 천왕은 널리 과거 일체 세월에 이루어지고 무너지는 차례를 아는 해탈문을 얻었으며

> 疏

六은 三達圓智로 了三世劫이니 此就天王일새 且言宿住耳니라

여섯 번째는 삼세를 통달한 원만한 지혜로 삼세의 세월을 요달하는[68] 것이니,
이것은 천왕에 나아가기에 또한 숙주라 말하였을[69] 뿐이다.

---

[68] 삼세를 통달한 원만한 지혜로 삼세의 세월을 요달한다고 한 것은, 첫 번째는 숙주지증명宿住智證明으로 과거겁劫의 일을 요달하며, 두 번째는 생사지증명生死智證明으로 미래겁의 일을 요달하며, 세 번째는 누진지증명漏盡智證明으로 현재겁의 일을 요달하는 것이다.
[69] 또한 숙주라 말한 것은, 경문에 과거를 말한 것이다.

經

勝光天王은 得開悟一切衆生智의 解脫門하며

승광 천왕은 일체중생을 개오하는 지혜의 해탈문을 얻었으며

疏

七에 開悟等者는 此門이 闕偈라 上下文中에 屢有開悟하니 即同 法華開示悟入이라 以開攝示하고 以悟攝入하나니 謂開示는 約能 化요 悟入은 約所化니라

일곱 번째 일체중생을 개오한다고 한 등은 이 문門이 게송에는 빠졌다.
상·하의 문장에 누차 개오開悟라는 말이 있나니,
곧『법화경』의 개開·시示·오悟·입入과 같다.
개開로써 시示를 섭수하고, 오悟로써 입入을 섭수하나니
말하자면 개시는 능화能化를 잡은 것이고,
오입은 소화를 잡은 것이다.

鈔

以開攝示等者는 此有二釋하니 前即嘉祥意라 四句雖殊나 不出能 所하나니 開示는 約能化요 悟入은 約所化는 全彼疏文이라 彼更釋云

호대 能化에 有大開之與曲示하고 所化에 有始悟之與終入이라하니 意云호대 但說有性은 名爲大開요 言此是凡夫性이며 此是聖人性이며 因果理行은 卽名曲示요 豁然了知는 卽名爲悟요 修行契證은 目爲終入이니 則始淺終深이요 下引論意는 則初深終淺이니 以入約因故니라

개로써 시를 섭수한다고 한 등은 여기에 두 가지 해석이 있나니,[70] 앞의 해석은 곧 가상嘉祥[71]의 뜻이다.
사구四句[72]가 비록 다르지만 능能과 소所를 벗어나지 않나니,

---

70 여기에 두 가지 해석이 있다고 한 것은, 개시오입開示悟入에 두 가지 해석이 있다는 것이니 도표하면 아래와 같다.

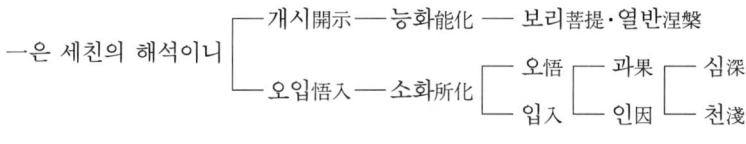

71 가상嘉祥이라고 한 것은 가상사의 吉藏法師(549~623)이니, 곧 길장법사가 지은 『법화경론』 소문의 말이다. 『법화경론』은 세친(천친)이 지었으니 二卷이고, 『법화경론소』는 길장이 지었으니 三卷이다. 길장은 회계산會稽山에 있으면서 이 『법화경소』를 지었다.
72 사구四句는 개開·시示·오悟·입入이다.

개시는 능화를 잡은 것이고 오입은 소화를 잡은 것이라고 한 것은 저 소문疏文[73]과 온전히 같다.

저 『법화론』 소문에 다시 해석하여 말하기를 능화에 대개大開와 더불어 곡시曲示가 있고, 소화에 시오始悟와 더불어 종입終入이 있다 하니,

그 뜻에 말하기를 다만 성품이 있다고만 말한 것은 이름이 대개大開가 되는 것이요,

이것은 범부의 성품이며 이것은 성인의 성품이며, 인과이행因果理行이라고 말한 것은 곧 이름이 곡시曲示가 되는 것이요,

활연豁然하게 요달하여 안다고 한 것은 곧 이름이 오悟가 되는 것이요,

수행하여 계합하여 증득한다고 한 것은 이름(名目)이 입入이 되는 것이니,

곧 처음은 얕고 마침은 깊은 것이요,

아래에 논의 뜻[74]을 인용한 것은 곧 처음은 깊고 마침은 얕은 것이니, 입入으로써 원인(因)을 잡은 까닭이다.

疏

彼論云호대 開者는 無上義니 謂除一切智智하고 更無餘事라하니 卽雙開菩提涅槃이라 謂以知見之性으로 爲涅槃하고 知見之相으

---

73 저 소문疏文은 『법화론』 소문이다.
74 논의 뜻이란, 『법화론』의 뜻이다.

로 爲菩提라 衆生本有나 障翳不現일새 佛爲開除하시니 則本智顯 故니라 示者는 同義니 三乘同法身故니라 悟者는 不知義니 不知唯 一實事일새 故今令知하야 成報身菩提故라 入者는 令證不退轉 地故니 卽是因義니 爲證初地已上이 爲菩提와 涅槃因故라하니라 廣如彼釋하니라

저 『법화론』[75]에 말하기를 개開라는 것은 무상無上의 뜻이니,
말하자면 일체지지一切智智를 제외하고는 다시 나머지 일이 없다 하니
곧 보리와 열반을 함께 연(開)[76] 것이다.
말하자면 지견知見의 성품(性)으로써 열반을 삼고 지견의 모습(相)으로써 보리를 삼은 것이다.
중생이 본래부터 갖추고 있지만 장애가 가리어 나타나지 못하기에

---

75 원문에 피론彼論이란, 천친이 지은 『법화경론』이다. 화엄 『십지경론』도 천친이 지었다.
76 곧 보리와 열반을 함께 열었다고 한 등은, 이 위에는 곧 『법화경론』의 글이고, 여기는 소가가 『법화경론』의 뜻을 설출한 것이고, 다음 줄에 중생이 본래부터 갖추고 있다고 한 등은 소가가 스스로 해석한 것이다. 그러한 즉 초문 가운데 유독 중생이 본래부터 갖추고 있다고 한 아래로 소가의 해석이라고 가리킨 것은, 대개 위에서 곧 보리와 열반을 함께 열었다고 한 등은 다만 『법화경론』의 뜻을 설출한 이후인 까닭으로 소가의 해설이라 말하지 않았거니와, 그러나 여기인즉 이 소가의 자기 말인 까닭으로 바야흐로 소가의 해석이라 이름하는 것이다. 역시 『잡화기』의 말이다. 따라서 이 『잡화기』의 뜻으로 보면 여사餘事라 하니 吐이다.

부처님이 중생을 위하여 열어 제거하시니,
곧 근본지根本智가 나타나는 까닭이다.

시示⁷⁷라는 것은 같다는 뜻이니,
삼승이 법신과 같은 까닭이다.
오悟라는 것은 알지 못한다는 뜻이니,
오직 하나의 진실한 사실을 알지 못하기에 그런 까닭으로 지금 하여금 알게 하여 보신의 보리를 성취케 하는 까닭이다.
입入이라는 것은 하여금 퇴전하지 않는 지위(不退轉地)를 증득하게 하는 까닭이니,
곧 이것은 인因의 뜻이니
초지初地를 증득한 이상이 보리와 열반의 원인이 되는 까닭이다
하였다.
폭넓게는 저 『법화론』에 해석한 것과 같다.

鈔

彼論云下는 卽第二釋이니 彼論에 先釋如來知見云호대 佛知見者는 如來가 能證如實하야 知彼義故라하니 疏意云호대 如實은 卽法性이니 所證也요 知彼義는 卽能證이니 大智也라 能所知見을 皆名知見이

---

77 시示라고 한 아래는 다 『법화경론』을 인용하여 해석한 까닭으로 즉시인의卽是因義니 吐이고 열반인고涅槃因故라 吐이니,『회현기』 11권 16장과 그리고 『원각경』 4권 31장을 보라. 이상은 역시 『잡화기』의 말이다.

니 正同今經의 開示正覺境界니 正覺은 卽能證이요 境界는 卽所證이라 今疏엔 但出開等四句니 開者無上義는 論標名也요 除一切智智하고 更無餘事者는 釋所開니 卽一切智智라 一切智는 是根本智요 重言智者는 是後得智니 根本名知요 後得名見이라 除此二事하고 更無有餘가 能勝過此일새 故名無上이라 卽雙開菩提涅槃者는 釋所開의 一切智智也니 謂以知見之性下는 釋雙開義요 衆生本有下는 疏釋開義라 大乘法師가 釋開云호대 開者는 出生顯證之義니 謂出生菩提하고 顯證涅槃故라하니 卽法相宗意라 故下釋悟云호대 令悟知見相이 本有種子하야 以成報身이라하니라 今疏意不然하야 知見性相을 並皆本有니 本有大智光明이 遍照法界義니라 故涅槃云호대 佛性을 名第一義空은 知見性也요 第一義空을 名爲智慧는 知見相也라 在因爲性相이요 在果爲菩提涅槃이라 故云衆生本有나 障翳不現耳라 하니 智障菩提하고 惑障涅槃하니 二障俱無하면 菩提涅槃이 一時俱顯일새 故云佛爲開除하시니 則本智顯現이라하니라

저『법화론』에 말하기를이라고 한 아래는 곧 제 두 번째 해석이니, 저 논에 먼저 여래의 지견을 해석하여 말하기를 부처님의 지견이라고 한 것은 여래가 능히 진여의 실상을 증득하여 저 진여의 뜻을 아는 까닭이다 하니,

소疏의 뜻(吉藏)[78]에 말하기를 진여의 실상이라고 한 것은 곧 법성이

---

78 소疏의 뜻이란, 『법화론소』의 뜻이니 길장법사를 말한다. 『잡화기』는 저 『법화경론』이 곧『법화소』인 까닭으로 또한 소라 이름함을 얻는다 하였다.

니 이것은 소증所證이요,

저 뜻을 안다고 한 것은 곧 능증能證이니 큰 지혜이다.

능·소의 지견을 다 지견이라 이름하나니,

바로 지금 경에 정각의 경계를 개시한다고 한 것과 같나니[79]

정각은 곧 능증이요,

경계는 곧 소증이다.

지금 소문에서는 다만 개開 등 사구四句만을 설출하였으니,

개開라는 것은 무상無上의 뜻이라고 한 것은 논[80]에 이름을 표한 것이요,

일체지지를 제외하고는 다시 나머지 일이 없다고 한 것은 소개所開를 해석한 것이니,

곧 일체지지이다.

일체지一切智라고 한 것은 이 근본지요,

거듭 지智라고 말한 것은[81] 이 후득지니,

근본지를 지知라 이름하고 후득지를 견見이라 이름하는 것이다.

이 두 가지 사실을 제외하고는 나머지 사실이 능히 이보다 뛰어나고 지남이 없기에 그런 까닭으로 이름을 무상無上이라 하는 것이다.

---

79 지금 경에 정각의 경계를 개시한다고 한 것과 같다고 한 것은, 이 아래 경문에 일체 부처님 정각의 경계를 개시하는 해탈문을 얻었다 한 것이니, 영인본 화엄 2책, p.818, 7행에 있다.

80 논論 자는 북장경에는 즉卽 자로 되어 있다.

81 거듭 지智라고 말한 것이란, 일체지지一切智智라 한 뒤에 지智 자를 말한다.

곧 보리와 열반을 함께 연 것이라고 한 것은 소개所開의 일체지지를 해석한 것이니

말하자면 지견의 성품이라고 한 아래는 보리와 열반을 함께 여는 뜻을 해석한 것이요,

중생이 본래부터 갖추고 있다고 한 아래는 소가疏家가 개개開의 뜻을 해석한 것이다.

대승법사[82]가 개개를 해석하여 말하기를 개개라는 것은 출생과 현증顯證의 뜻이니,

말하자면 보리를 출생하고 열반을 증득함을 나타내는 까닭이다 하니,

곧 법상종의 뜻이다.

그런 까닭으로 아래의 오悟를 해석하여[83] 말하기를 하여금 지견知見의 모습[84]이 본래 종자를 갖추고 있는 줄 깨닫게 하여[85] 보신을 성취케

---

82 대승법사는 곧 규기법사이니, 저 종宗은 곧 열반으로써 본유本有를 삼고, 보리로 신생新生을 삼는 까닭으로 그 해석이 이와 같다고 『잡화기』는 말한다.
83 아래의 오悟를 해석했다고 한 것은, 대승법사가 개시開示 아래에 오悟 자를 해석했다는 것이다.
84 원문에 지견상知見相이라고 한 것은, 타본에는 지견성상知見性相이라 하여 성性 자가 더 있다.
85 하여금 지견의 모습이 본래 종자를 갖추고 있는 줄 깨닫게 한다고 한 등은, 이미 종자가 본래 갖추고 있다고 말하였다면 곧 보리는 신생新生이 아닌 것 같으나, 저 대승법사의 뜻에 말하기를 보리의 보신이 출생한즉 비록 금일에 있지만 종자인즉 본래부터 진실로 있은 것이니, 마치 곡식이 싹을 생기함에 싹이 비록 지금 생긴 것이지만 곡식인즉 본래부터 있은 것과 같은

한다 하였다.

지금 소가疏家의 뜻은 그렇지 않아서 지견의 성품(性)과 모습(相)[86]을 아울러 다 본래부터 갖추고 있나니,

본래부터 갖추고 있는 큰 지혜의 광명이 두루 법계를 비춘다는 뜻이다.

그런 까닭으로 『열반경』에 말하기를 불성을 이름하여 제일의공第一義空이라고 한 것은 지견의 성품이요,

제일의공을 이름하여 지혜라고 한 것은 지견의 모습이다.

원인(因)에 있어서는 성품과 모습이 되고,

과보(果)에 있어서는 보리와 열반이 되는 것이다.

그런 까닭으로 말하기를 중생이 본래부터 갖추고 있지만 장애가 가리어 나타나지 못할 뿐이다 하니

지혜는 보리를 장애하고 미혹[87]은 열반을 장애하나니,

이장二障이 함께 없어지면 보리와 열반이 일시에 함께 나타나기에 그런 까닭으로 말하기를 부처님이 중생을 위하여 열어서 제거하시니 곧 근본지가 나타난다 하였다.

까닭이다. 이것은 제팔식장(第八識藏: 第八藏識) 가운데 무루종자를 말하는 것이니 『회현기』 23권 19장을 볼 것이다. 역시 『잡화기』의 말이다.

86 지견의 성품(性)과 모습(相)이라 한 등은, 지견의 모습이 종자를 갖추고 있는 것이 아니라 지견의 성품과 모습을 본래부터 갖추고 있다는 것이다. 즉 법상종은 보리의 종자가 본래부터 아뢰야식에 있다가 깨달을 때 보리를 출생한다고 보기에 그 뜻이 본래 있는 것이 아니다. 지금에 성종은 지견의 자성인 열반과 지견의 모습인 보리를 본래부터 갖추고 있다는 것이다.

87 미혹(惑)이란, 탐·진·치 등이니 심성을 더럽히는 번뇌이다.

示者同義는 別示知見之性하야 以成涅槃이요 悟者不知義는 別示知見之相하야 以成菩提니라 言不知唯一實事者는 經云호대 唯此一事實이요 餘二則非眞이라하니 一實事는 卽是知見이라 上三은 皆果의 斷德智德이니 以總別故로 而成三句라 入卽因義는 未知何可能證가 할새 故示與無量智業하나니 無量智者는 卽果中에 一切智智의 體用이요 而言業者는 是彼因也라 所以로 要擧初地已上이 爲因者는 登地 證如는 爲涅槃因이요 能證地智는 爲菩提因이라 故十地論에 釋經의 究竟如虛空하야 盡未來際云호대 卽因善決定이니 究竟如虛空은 卽菩提因이니 如依空生色이나 色不盡故니라 盡未來際는 爲涅槃因이니 常果無窮故라하니 二果는 卽智性相也니라 又開者는 卽般若니 故論云호대 除一切智智하고 更無餘事라하니라 示는 卽法身이요 悟는 卽解脫이니 三德涅槃이 卽是三句요 入은 是三德之因이라 上有三意하니 一은 約佛性釋이요 二는 約菩提涅槃釋이요 三은 約三德涅槃釋이니 會之並同이라 佛性有果하고 有果果하니 卽菩提涅槃故며 三德涅槃이 攝菩提故며 亦佛性故니라 餘는 如前後釋이라 禪宗之解는 如問明品하니라

시示라는 것은 같다는 뜻이라고 한 것은 따로 지견의 성품을 보여서 열반을 성립한 것이요,
오悟라는 것은 알지 못한다는 뜻이라고 한 것은 따로 지견의 모습을 보여서 보리를 성립한 것이다.
오직 하나의 진실한 사실을 알지 못한다고 말한 것은, 『법화경』에 말하기를[88] 오직 이 일대사만이 진실이요,

나머지 둘은 곧 진실이 아니다 하였으니,
하나의 진실한 사실이라고 한 것은 곧 이 지견이다.
이상에 세 가지는[89] 다 과보(果)의 단덕斷德과 지덕智德이니,
총總과 별別인 까닭으로 삼구[90]를 이루는 것이다.

입入이라는 것은 곧 인因의 뜻이라고 한 것은, 어찌 가히 능히 증득하는지를 아직은 알지 못하겠다 하기에 그런 까닭으로 한량없는 지혜의 업을 시여하나니,
한량없는 지혜라고 한 것은 곧 과보(果) 가운데 일체지지의 자체와 작용이요,
업이라고 말한 것은 이것은 저 지지의 원인(因)이다.
그런 까닭으로 초지 이상이 보리와 열반의 원인이 된다고 긴요하게 거론한 것은, 초지에 올라 진여를 증득하는 것은 열반의 원인이 되고, 능히 지지地智[91]를 증득하는 것은 보리의 원인이 되는 것이다.

---

88 『법화경』 운운은 『법화경』 방편품의 말로서, 그 뜻은 유유일불승唯有一佛乘이요 무이역무삼無二亦無三이며, 유차일사실唯此一事實이요 여이즉비진餘二則非眞이라 한 것이다.
89 이상에 세 가지란, 개開와 시示와 오悟이다.
90 삼구라고 한 것은, 이것은 뜻으로 구절(義句)을 잡은 것이니 한 글자가 한 구절이 되는 것이다. 즉 개구開句와 시구示句와 오구悟句이다. 문구文句, 즉 글자 수로 구절을 삼은 것이 아니다. 『잡화기』는 한 글자가 한 구절이 된다 하고 이것은 의구義句를 잡은 것이다 하였다.
91 지지地智란, 두 가지 의미를 갖는다. 첫째는 각 지위(매 지위마다)에 지혜이고, 둘째는 지地와 지혜(智)이니 십지十地와 십지十智이다.

그런 까닭으로 『십지론』[92]에 『십지경』의 구경究竟[93]하기 허공과 같아서 미래의 세상이 다하도록이라는 말을 해석하여 이르기를 곧 인선결정因善決定이니,
구경하기 허공과 같다고 한 것은 곧 보리의 원인이니,
마치 허공을 의지하여 색이 나오지만 색이 다함이 없는 것과 같은 까닭이다.
미래의 세상이 다하도록이라고 한 것은 열반의 원인이 되는 것이니, 상과常果가 다함이 없는 까닭이다 하니

---

92 『십지론』 운운은, 『십지론』 제일권에 말하기를 모든 불자야, 이 모든 보살이 선결정善決定을 서원한 것은 떠날 수도 없고 가히 볼 수도 없나니, 광대하기 법계와 같고 구경究竟하기 허공과 같아서 미래제가 다하도록 일체중생의 세계를 덮고 보호하는 것이다. 그 선결정善決定에 여섯 가지가 있나니, 첫 번째는 관상선결정觀相善決定이니 진여가 한 맛의 모습임을 관찰하는 것이요, 두 번째는 진실眞實선결정이니 이것은 출세간의 법인 까닭이요, 세 번째는 승인勝因선결정이니 대법계에 모든 부처님의 근본이요, 네 번째는 인因선결정이니 두 가지가 있다.
첫 번째는 성무상애과인선결정成無常愛果因善決定이니 이 인因은 허공과 같나니 이것을 의지하여 모든 색이 나오지만 그 색이 다함이 없는 까닭으로 경에 구경하기 허공과 같다 한 것이다. 두 번째는 상과인선결정常果因善決定이니 열반의 도를 얻는 것이니, 경에 미래세상이 다하도록 한다는 것과 같은 까닭이다.
다섯 번째는 대선결정大善決定이니 이타행이요, 여섯 번째는 겁약怯弱선결정이니 불지에 들어가 겁약하지 않는 것이다 하였다. 이상은 『십지론』 십이권 가운데 제일권에 있다.
93 구경 등이란, 『잡화기』는 곤자권崑字卷 하권 17장을 보라고만 하였다.

이과二果⁹⁴는 곧 지혜의 성품과 모습이다.

또 개開라는 것은 곧 반야이니,
그런 까닭으로 『법화론』에 말하기를 일체지지를 제외하고는 다시 나머지 사실이 없다고 하였다.
시示라는 것은 곧 법신이요,
오悟라는 것은 곧 해탈이니
삼덕열반三德涅槃이 곧 이 삼구三句⁹⁵요,
입入⁹⁶이라는 것은 이 삼덕의 원인이다.

위에 세 가지 뜻이 있었나니,⁹⁷
첫 번째는 불성을 잡아서 해석하였고,
두 번째는 보리와 열반을 잡아서 해석하였고,
세 번째는 삼덕열반을 잡아서 해석하였으니
회석會釋하면 아울러 다 같다.⁹⁸

---

94 이과二果는 상과常果와 무상애과無常愛果이다.
95 삼구三句는 이미 말한 것처럼 개·시·오이다.
96 입入이란, 사구 가운데 끝 구절인 제사구이다.
97 위에 세 가지 뜻이 있었다고 한 것은, 위의 초문에 『가상소嘉祥疏』의 불성을 잡은 것과 『법화론』의 보리와 열반을 잡은 것과 또 개開라고 한 것은 곧 반야라 운운한 삼덕의 해석이다. 『잡화기』는 다만 첫 번째 불성은 『가상소』의 뜻을 가리킨다고만 하였다.
98 회석會釋하면 아울러 다 같다고 한 것은, 도리어 아래 불성이 과가 있고 운운 한 것을 기준하여 위에 세 가지 해석을 볼 것이니, 곧 제일석第一釋이

불성이 과果가 있고[99] 과과果果가 있나니

곧 보리와 열반인 까닭이며,

삼덕열반[100]이 세 가지 보리를 섭수하는 까닭이며,

또한 불성[101]인 까닭이다.

나머지는 앞과 뒤[102]에서 해석한 것과 같다.

선종의 해석은[103] 문명품에서 말한 것과 같다.

제이석第二釋이고, 삼덕열반 운운은 제삼석이 제이석이고, 또한 불성이라고 한 것은 제삼석이 제일석이니 그런 까닭으로 회석하면 아울러 다 같다 한 것이다.

[99] 불성이 과果가 있다고 한 등은, 과果는 곧 보리이고 과과果果는 곧 열반이니, 열반이 이 보리과가菩提果家의 과인 까닭이다. 열자권列字卷 초 8장을 볼 것이다.

[100] 삼덕열반 운운은, 이 위에는 곧 불성이 보리와 열반으로 더불어 서로 같은 것이고, 여기는 곧 삼덕열반이 보리로 더불어 서로 같은 것이고, 아래에 또한 불성이라 한 것은 삼덕열반이 불성으로 더불어 서로 같은 것이니, 위에 회석하면 아울러 다 같다고 한 것이 그것이 그렇지 않겠는가. 이상은 『잡화기』의 말이다. 그러나 삼덕열반이 세 가지 보리를 섭수한다고 한 것은 법신은 성정보리性淨菩提를 섭수하고, 반야는 원정圓淨보리를 섭수하고, 해탈은 방편方便淨보리를 섭수하는 것이다.

[101] 불성이라고 한 것은 삼불성三佛性이니 법신은 정인正因불성이고, 반야는 요인了因불성이고, 해탈은 연인緣因불성이다.

[102] 앞과 뒤라 한 앞은 『현담』이다.

[103] 선종의 해석이라고 한 것은, 북종北宗은 개開는 마음이 동요하지 않는 것이니 방편문을 여는 것이요, 시示는 색이 같지 않는 것이니 진실한 모습(색상)을 보이는 것이요, 오悟는 망념이 생기지 않는 것이요, 입入은 만 가지 경계가 고요한 것이다. 남종南宗은 개開는 본래 자성이 고요한 것이요, 시示는 고요한 자체 위에 근본 지혜가 있는 것이니 능히 본래 고요함을 갖춘 것이요, 오悟는

곧 본래 자성을 보는 것이니 중생과 부처가 다름이 없는 것이요, 입入은 앞에 성인이 아는 바이니 전하여 서로 전수하는 것이다 하였다. 문명품에서 말한 것과 같다고 한 것은 보살문명품 초문에 있으니 잘 살펴볼 것이다.

經

妙髻天王은 得舒光疾滿十方虛空界하는 解脫門하며

묘계 천왕은 광명을 펴 시방의 허공에 빨리 넘쳐나게 하는 해탈문을 얻었으며

疏

八은 稱性之光이 有何難遍이리오

여덟 번째는 자성에 칭합한 광명이
무슨 두루하기 어려움이 있겠는가.

經

喜慧天王은 得一切所作이 無能壞하는 精進力의 解脫門하며

희혜 천왕은 일체 마군의 작위作爲하는 바가 능히 무너뜨릴 수 없는 정진의 힘의 해탈문을 얻었으며

疏

九에 一切等者는 謂契理具修호대 長劫無倦일새 故衆魔外道가 所不能摧니라

아홉 번째 일체라고 한 등은, 말하자면 이치에 계합하여 갖추어 수행하되 긴 세월(長劫)토록 게으름이 없이 하기에 그런 까닭으로 수많은 마군과 외도가 능히 꺾지 못하는 바이다.

經

華光髻天王은 得知一切衆生의 業所受報하는 解脫門하며

화광계 천왕은 일체중생이 업으로 받은 바 과보를 아는 해탈문을 얻었으며

疏

十에 善惡等殊하고 苦樂等異나 皆知性相이라

열 번째 선과 악 등이 다르고 고와 낙 등이 다르지만 다 그 성품과 모습을[104] 아는 것이다.

---

104 그 성품과 모습이라고 한 것은 선악의 성품과 모습이다. 게송에는 업성業性과 인연상因緣相이라 하였다.

◯經

普見十方天王은 得示現不思議衆生의 形類差別하는 解脫門하니라

보견시방 천왕은 사의할 수 없는 중생들의 유형이 차별함을 시현하는 해탈문을 얻었습니다.

◯疏

十一에 示現等者는 無邊品類를 一毛頓現이나 更無來去하니 尤顯難思니라

열한 번째 사의할 수 없는 중생들의 유형이 차별함을 시현한다고 한 등은, 끝없는 품류品類를 한 털구멍에서 문득 시현하지만 다시 오거나 간 적이 없으시니
더욱 사의하기 어려움을 나타낸 것이다.

> 經

爾時에 善化天王이 承佛威力하야 普觀一切善化天衆하고 而說頌言호대

그때에 선화 천왕이 부처님의 위신력을 받아 널리 일체 선화천의 대중을 관찰하고 게송을 설하여 말하기를

> 疏

偈中에 脫於第七하고 唯有十偈이라

게송 가운데 제 일곱 번째 게송은 빠지고
오직 열 게송만 있을 뿐이다.[105]

---

[105] 오직 열 게송만 있을 뿐이라고 한 것은, 장행문은 十一이 있기에 하는 말이다.

經

世間業性不思議어늘   佛爲群迷悉開示하야
巧說因緣眞實理와   一切衆生差別業이니다

세간의 업성이 사의할 수 없거늘
부처님이 미한 중생을 위하여 다 열어 보여
인연의 진실한 이치와
일체중생의 차별된 업을 교묘하게 설하셨습니다.

疏

初中에 初句는 總이요 次句는 開示요 後二句는 顯如化力이라 差別業者는 果不亡故니라

처음 게송 가운데 처음 구절은 총總이요,
다음 구절은 위에 개시開示라고 한 것이요,
뒤에 두 구절은 위에 변화하는 힘[106]과 같다고 한 것을 나타낸 것이다.
차별된 업이라고 한 것은 과보가 없지 않은 까닭이다.

---

[106] 변화하는 힘이라고 한 것은, 영인본 화엄 2책, p.797, 5행 경문과 소문을 함께 인용한 것이다.

經

種種觀佛無所有하고　十方求覓不可得하며
法身示現無眞實이니　此法寂音之所見이니다

가지가지로 부처님을 관찰하지만 있는 바가 없고
시방에 구하고 찾아보아도 가히 얻을 수 없으며
법신으로 시현하는 것은 진실이 아니니
이 법은 적정음광명 천왕의 본 바입니다.

疏

二中에 初句는 所攀緣이요 後二는 無得이라 然이나 緣境이 有二하니 一은 眞이요 二는 妄이라 眞佛도 有緣하면 亦成妄惑거니 況於妄耶아 種種觀者는 五求不得故니 謂佛有耶인댄 常見爲惑이요 謂佛無耶인댄 邪見深厚라 四句百非로 所不能加일새 故無所有라하니 非唯一佛이라 十方亦然하니라 應化示現은 非眞實故로 求實無得이라사 卽見眞身이니 眞卽無緣이라 佛尙應捨어든 何況餘境이리요

두 번째 게송 가운데 처음 구절은[107] 위에 반연하는 바라고 한 것이요,

---

[107] 처음 구절이라고 한 등은, 이것은 곧 구절을 잡아 한꺼번에 나눈 까닭이거니와, 진실인즉 처음 구절에 있는 바가 없다(無所有)고 한 것은 또한 얻을 것이

뒤에 두 구절은 얻을 것이 없다는 것이다.
그러나 경계를 반연하는 것이 두 가지가 있나니
첫 번째는 진眞이요,
두 번째는 망妄이다.
참 부처님도 반연이 있으면 또한 망혹을 이루거니 하물며 망혹이겠는가.
가지가지로 관찰한다고 한 것은 다섯 가지로 구하여도 얻을 수 없는 까닭이니,
부처님이 있다고만 말한다면 상견常見이 망혹이 되는 것이요,
부처님이 없다고만 말한다면 사견邪見이 깊고도 두터운 것이다.
사구四句와 백비百非로 능히 더 할 바가 아니기에 그런 까닭으로 있는 바가 없다고 하였으니,
오직 한 부처님뿐만 아니라 시방의 부처님도 또한 그러한 것이다.
응화신應化身108으로 시현하는 것은 진실이 아닌 까닭으로 진실을 구하여도 얻을 것이 없어야 곧 진신을 볼 것이니,
진신은 곧 반연하는 바가 없는 것이다.
부처도 오히려 응당 버려야 할 것이거든 어찌 하물며 나머지 경계이겠는가.

　　없다는 것이요, 다음 구절에 시방이라고 한 것은 또한 반연하는 바라는 것이다. 이상은 『잡화기』의 말이나, 여기 소문에는 처음 구절이 반연이고 뒤의 두 구절이 얻을 것이 없다는 것이다.
108 응화신應化身이라고 한 아래는 제삼구의 해석이고, 응화신이라고 한 이상은 위에 두 구절을 한꺼번에 해석한 것이다.

鈔

五求不得等者는 卽是中論의 觀如來品이라 偈云호대 非陰不離陰이며 此彼不相在며 如來不有陰거니 何處有如來리요하니 卽五求也니라 由諸外道가 妄計有我하야 我爲如來하야 計有五故니 一은 謂卽陰이 是如來요 二는 謂離陰하야 有如來요 三은 謂如來中에 有陰이요 四는 謂陰中에 有如來요 五는 謂陰能有如來라하니 今並非之니라 若陰卽如來인댄 陰生滅故로 佛應生滅하리니 故云非也라하니라 二는 若謂離陰하야 有如來者인댄 以何相知아 又如來墮常過리니 離陰生滅故라 故云不離라하니라 三은 若謂如來中에 有陰인댄 如器中에 有果하야 則亦是異니 如來가 亦墮常過리라 四는 若陰中에 有如來인댄 如床上有人하야 亦有別異過리니 故云此彼不相在라하니라 五는 若如來가 能有五陰하야 陰屬如來者인댄 則如人有子하야 亦有別異過리니 異則如來가 墮常等故니라 然이나 後四句는 皆成異過요 初卽是一이니 總合하면 但是一異過耳니라 故觀法品에 破我但言호대 若我是五陰인댄 我卽爲生滅이요 若我異五陰인댄 卽非五陰相이라하야거니와 今細推尋일새 故有五求皆不可得이라하니라 上之五求는 但能破有이니와 今四句로 並非일새 故言호대 謂佛有耶인댄 常見爲惑이요 謂佛無耶인댄 邪見深厚라하니 此且雙破有無니라 而有過則微하고 無過則重일새 故云深厚라하니라 彼論偈云호대 邪見深厚者는 則說無如來하나니 如來寂滅相은 分別有亦非니라 如是性空中엔 思惟亦不可者는 亦遣有無니라

다섯 가지로 구하여도 얻을 수 없다고 한 등은, 곧 이것은 『중론』[109]의 관여래품觀如來品이다.

그 게송에 말하기를

오음에 있는 것도 아니고, 오음을 떠난 것도 아니며,

이곳과 저곳에[110] 함께 서로 있는 것도 아니며,

여래는 오음이 있지 않거니

어느 곳에 여래가 있겠는가[111] 하였으니,

곧 다섯 가지로 구한 것이다.

모든 외도가 허망하게 내(我)가 있다고 계교하여 나(我)로써 여래를 삼는 것을 인유하여 다섯 가지로 있다고 계교하는 까닭이니,

첫 번째는 말하자면 곧 오음이 이 여래라고 하는 것이요,

두 번째는 말하자면 오음을 떠나서 여래가 있다고 하는 것이요,

세 번째는 말하자면 여래 가운데 오음이 있다고 하는 것이요,

네 번째는 말하자면 오음 가운데 여래가 있다고 하는 것이요,

다섯 번째는 말하자면 오음이 능히 여래가 있다고[112] 하는 것이다

---

109 『중론』이라고 한 것은 영인본 화엄 6책, p.43, 5행에도 인용하였다.
110 이곳과 저곳이라고 한 것은, 이곳은 오음五陰이요, 저곳은 오음을 떠난 다른 것이다.
111 어느 곳에 여래가 있겠는가 한 것은, 다섯 가지로 구하여도 얻을 수 없음을 모두 맺는 것이라고 『잡화기』는 말한다.
112 원문에 음능유여래陰能有如來라고 한 것은, 『중론』(本論)을 안찰한즉 그 외도가 계교하는 것과 더불어 깨뜨리는 가운데 다 말하기를 여래유오음如來有五陰이라 하였으니, 이 가운데 문장이 전도된 것이다. 응당 여래능유음如來能有陰이라 해야 할 것이라고 『잡화기』는 말한다. 『중론』에 문장이 이렇게 되어

하였으니,
지금에는 아울러 아니라고 하였다.
만약 오음이[113] 곧 여래라고 한다면 오음은 생멸하는 까닭으로 부처도 응당 생멸하리니, 그런 까닭으로 말하기를[114] 아니라고 하였다.
두 번째는 만약 말하자면 오음을 떠나서 여래가 있다고 한다면 어떤 모습으로써 알겠는가.[115]
또 여래가 영원하다는 허물에 떨어지리니 오음의 생멸을 떠난 까닭이다.
그런 까닭으로 말하기를 떠난 것도 아니라고[116] 하였다.
세 번째는 만약 말하자면 여래 가운데 오음이 있다고 한다면 마치 그릇 가운데 과실이 있는 것과 같아서 곧 역시 다른[117] 것이니, 여래가 또한 영원하다는 허물에 떨어질[118] 것이다.

    있다는 것이 아니라 뜻으로 예를 들어 말한 것이다.
113 만약 오음 운운은 첫 번째이다. 바로 밑에 아니라고 한 것은 오음에 있는 것도 아니라는 뜻이다.
114 그런 까닭으로 말하기를(故云)이라 한 위에,『중론』에 여래가 만약 생멸한다는 말이 있다면 응당 무상하여 단멸한다는 허물의 말이 있어야 할 것이다. 이상은 『잡화기』의 말이다.
115 어떤 모습으로써 알겠는가 한 것은,『중론』에 부처님이 오음 생멸의 모습이 없다(뜻으로 인용)고 말하였다면 안근 등 육근이 능히 보고 알 수 없을 것이다. 이상은 『잡화기』의 말이다.
116 떠난 것도 아니라고 한 것은, 오음을 떠난 것도 아니라는 것이다.
117 역시 다르다고 한 것은, 여래와 오음은 역시 다르다는 것이다.
118 또한 영원하다는 허물에 떨어진다고 한 것은,『잡화기』에 여래의 색상은 곧 생멸이 없지 않는 까닭이다 하였다.

네 번째는 만약 오음 가운데 여래가 있다고 한다면 마치 평상 위에 사람이 있는 것과 같아서 또한 각각 다르다는 허물이 있을 것이니, 그런 까닭으로 말하기를 이곳과 저곳에 함께 서로 있는 것도 아니라고 하였다.

다섯 번째는 만약 여래가 능히 오음이 있어서 오음이 여래에게 속한다고 한다면 곧 마치 어떤 사람이 자식이 있는 것과 같아서 또한 각각 다르다는 허물이 있을 것이니,

다르다는 것은 곧 여래가 영원하다는 허물에 떨어진다고 한 등[119]인 까닭이다.

그러나 뒤에 네 구절은 다 다르다는 허물을 성립한 것이요,

처음 구절은 곧 하나라는 것이니,

모두 합하면 다만 하나(一)라는 것과 다르다(異)는 허물일 뿐이다. 그런 까닭으로 『중론』 관법품觀法品에 나(我)라고 고집함을 깨뜨리려 다만 말하기를

만약 내가 이 오음이라고만 한다면

나는 곧 생멸이 되는 것이요,

만약 내가 오음과 다르다고 한다면

곧 오음의 모습이 아니다 하였거니와

지금에는 자세하게 추구하여 찾기에 그런 까닭으로 다섯 가지로 구함[120]이 있을지라도 다 가히 얻을 수 없다 하였다.

---

119 등이란 무상無常・유변有邊・무변無邊・유무有無・장단長短・대소大小 등을 등 취한다.
120 다섯 가지로 구함 운운한 것은 영인본 화엄 2책, p.809, 1행 이하이다.

위에 다섯 가지로 여래를 구한 것은 다만 능히 있다고 한 것만 깨뜨렸거니와,¹²¹ 지금에는 사구四句로 아울러 아니라고 하기에 그런 까닭으로 말하기를 부처님이 있다고만 말한다면 상견常見이 망혹이 되고,

부처님이 없다고만 말한다면 사견邪見이 깊고도 두터운 것이다 하였으니,

이것은 또한 있다 없다 함을 함께 깨뜨리는 것이다.

그러나 있다고 하는 허물은 곧 적고 없다고 하는 허물은 곧 무겁기에 그런 까닭으로 말하기를 깊고도 두터운 것이다 하였다.

저 『중론』의 게송에 말하기를¹²²

---

121 다만 능히 있다고 한 것만 깨뜨린다고 한 것은, 『중론』의 처음 구절은 곧 비록 또한 단견을 깨뜨리는 것이나 그러나 그 단견이라 말한 것은 부처님이 없는 까닭으로 단견이라 말한 것이 아니라, 저 외도가 진실로 여래가 있다고 계교하되 다만 곧 오음이라고 말하는 까닭으로 단견이라 말하는 것이니, 이것은 곧 다섯 가지로 여래를 구하여도 얻을 수 없다는 것으로서 다만 이 여래가 있다고 한 것만 깨뜨리는 것뿐이다. 있다고 하는 것은 곧 四句의 하나이다. 바른 뜻이 이와 같거니 쓸데없는 말(胡說: 아무렇게나 나오는 대로 하는 말, 오랑캐·쌍놈의 말이다)을 수구하지 말 것이다. 역시 『잡화기』의 말이다.

122 저 『중론』의 게송에 말하였다고 한 등은, 처음에 두 구절은 무無를 보내는 것이니, 『중론』에 말하기를 만약 여래가 없다고 말하였다면 이것은 사견이 깊고 두터운 것이다. 이에 세간의 즐거움을 잃거든 어찌 하물며 열반이겠는가. 다음에 두 구절은 유有를 보내는 것이니, 『중론』에 말하기를 만약 여래가 있다고 말하였다면 역시 사견이다. 끝에 두 구절은 유와 무를 함께 보내는 것이다. 다 『잡화기』의 말이다. 이 게송은 『중론』의 관여래품의 게송이니,

사견이 깊고도 두터운 사람은
곧 여래가 없다고 설하나니,
여래의 적멸한 모습은
분별하여 있다고 할지라도 또한 잘못된 것이다.
이와 같이 자성이 공한(性空) 가운데는
사유하는 것도 옳지 않다고 한 것은[123] 또한 있다, 없다 함을 보내는 것이다.[124]

四句百非로 所不能加일새 故無所有者는 結歸經文이라 準中論中인댄 略說三種四句를 皆不能加하니 初偈云호대 空則不可說이요 非空不可說이요 共不共叵說거늘 但以假名說이라하니 此一四句라 共卽俱句요 不共則雙遮라 若別說者인댄 一은 空이요 二는 非空이요 三은 亦空亦非空이요 四는 非空非非空이니 此皆雙遮辯中이라 第二四句云호대 寂滅相中에 無常無無常等四요 第三四句云호대 寂滅相中에 無邊無無邊等四라하니 今並拂之니라 非唯此四라 泛爾隨相이 皆悉非之니라 然이나 百非에 有二義하니 一은 約十惡說이니 如下當明이요 二는

영인본 화엄 6책, p.44, 6행에도 인용하고 있다.

123 사유하는 것도 옳지 않다고 한 것은, 그 바로 아래 두 구절이 더 있나니 여래멸후如來滅後에 분별어유무分別於有無이다.

124 또한 있다, 없다 함을 보내는 것이라고 한 것은, 앞에 다섯 가지로 구하는 게송에 다만 능히 유를 보내는 것만 상대하였기에 그런 까닭으로 또한(亦)이라는 말이 있는 것이다. 이상은 역시 『잡화기』의 말이다. 다섯 가지로 구하는 게송이란 『중론』 관여래품이다.

約通相說이니 謂離一切分別之相耳라 故論結云호대 如來過戱論거늘 而人生戱論하나니 戱論破慧眼이라 是皆不見佛이라하니 謂起心動念이 並爲戱論하야 非觀如來니 應如淨名의 觀阿閦品이라 故疏結云호대 眞則無緣이라 佛尙應捨어늘 何況餘境이리요하니 卽借用金剛의 法尙應捨어든 何況非法이리요하니라

사구와 백비로 능히 더할 바가 아니기에 그런 까닭으로 있는 바가 없다고 한 것은 경문에 귀결하는 것이다.
『중론』 가운데를 기준한다면 삼종사구三種四句를 다 능히 더할 수 없다고 간략하게 설하였으니,
처음 사구의 게송에[125] 말하기를
공空도 곧 설할 수 없고,
비공非空도 가히 설할 수 없고,
공共과 불공不共도 설할 수 없거늘
다만 가명假名으로써 설한다 하였으니,
이것이 제일의 사구四句이다.
공共은 곧 구구俱句요 불공不共은 곧 쌍차雙遮이다.
만약 따로 설한다면 첫 번째는 공空이요,
두 번째는 비공非空이요,
세 번째는 역공역비공亦空亦非空이요,
네 번째는 비공비비공非空非非空이니,

---

125 처음 사구의 게송이란, 『중론』 관여래품 제 열한 번째 게송이다.

이것은 다 쌍차로[126] 중도를 분별한 것이다.

제 두 번째 사구의 게송에 말하기를[127]
적멸의 모습 가운데는
상常도 없고 무상도 없다는 등[128] 사구四句요,
제 세 번째 사구의 게송에 말하기를
적멸의 모습 가운데는
변邊도 없고 무변無邊도 없다는 등[129] 사구四句라 하였으니,
지금에는 아울러 그것을 떨쳐버리는 것이다.
오직 이 사구뿐만이 아니라 넓게는 상相을 따르는 것이[130] 다 아니다

---

126 이것은 다 쌍차라고 한 것은, 강사가 말하기를 두 곳의 쌍차(바로 앞줄에 쌍차와 지금의 쌍차)가 다 같지만 그러나 다 같이 四句 가운데 제 네 번째 불공구不共句를 가리킨 것이라 하였거니와, 어리석은 나는 곧 위에 쌍차라 말한 것은 스스로 四句 가운데 제 네 번째 불공구에 해당하고, 지금에 이것은 다 쌍차라 말한 것은 말하자면 이 사구를 『중론』에서 다 쌍차하여 중도를 분별한 것이니, 곧 게송 가운데 사구가 다 가히 설할 수 없다고 한 뜻을 해석한 것이라 하겠다. 역시 『잡화기』의 말이다.

127 제 두 번째 사구의 게송에 운운과 제 세 번째 사구의 게송 운운은 『중론』 관여래품의 제 열두 번째 한 게송이니, 갖추어 말하면 이렇다.
적멸상중무寂滅相中無 상무상등사常無常等四요 / 적멸상중무寂滅相中無 변무변등사邊無邊等四라

128 무상도 없다는 등이라 한 등은, 역상역무상亦常亦無常과 비상비무상非常非無常을 등취하고 있다.

129 무변無邊도 없다는 등이라 한 등은, 역변역무변亦邊亦無邊과 비변비무변非邊非無邊을 등취하고 있다.

할 것이다.
그러나 백비百非에 두 가지 뜻이 있나니,
첫 번째는 십악十惡을 잡아 설한 것이니
아래에 마땅히 설할 것과 같은[131] 것이요,
두 번째는 통상通相[132]을 잡아 설한 것이니
말하자면 일체 분별의 상相을 떠난 것이다.
그런 까닭으로 『중론』[133]에 맺어 말하기를
여래는 희론戱論[134]을 지났거늘
그러나 사람들이 희론을 내나니
희론은 지혜의 눈을 깨뜨리는 것이다.
이에 다 부처를 볼 수 없다 하였으니,
말하자면 마음을 일으키고 생각을 움직이는 것이 아울러 희론이

---

130 오직 이 사구뿐만이 아니라고 한 것은, 소문에 오직 한 부처님뿐만이 아니라 한 것이고, 넓게는 상相을 따른다고 한 것은, 소문에 시방의 부처님도 또한 그러한 것이라 한 것이니, 넓다는 것은 시방이고 상을 따른다는 것은 또한 그러한 것이라 한 것이다. 따라서 상을 따른다고 한 것은 삼십이상과 팔십종호의 시방 부처님을 그윽이 말하고 있다 하겠다.

131 아래에 마땅히 설할 것과 같다고 한 것은, 고본으로는 강자권岡字卷 47장을 가리킨 것이니, 십악이 낱낱이 각각 십사十事를 갖추고 있는 까닭이니, 말하자면 소시少時로 다시 다시多時를 짓는 등이라 한 것이다. 역시 『잡화기』의 말이다.

132 통상通相은 별상別相의 반대이다.

133 『중론』은 역시 관여래품으로 마지막에서 두 번째 게송이다.

134 희론戱論이라 한 것은, 『중론』에 희론이라 말한 것은 억념憶念이라 이름하나니, 모습을 취하여 분별하는 것이 이것이다고 『잡화기』는 말한다.

되어 여래를 영영 볼 수 없나니
응당 『정명경』의 관아촉불품觀阿閦佛品과 같다.[135]
그런 까닭으로 소문(疏)에서 맺어 말하기를 진신은 반연하는 바가 없는 것이다. 부처님도 오히려 응당 버려야 할 것이거든 어찌 하물며 나머지 경계이겠는가 하였으니,
곧 『금강경』의 법도 오히려 응당 버려야 할 것이거든 어찌 하물며 비법非法이겠는가 한 말을 빌려 사용하였다.

---

[135] 『정명경』 관아촉불품과 같다고 한 것은, 그 뜻은 한 번 보면 다시는 보지 않는다(一見更不見)는 것이다. 견아촉불품이라고도 한다.

> 經

佛於劫海修諸行은　　爲滅世間癡暗惑일새
是故淸淨最照明하시니　此是力光心所悟니이다

世間所有妙音聲이라도　無有能比如來音하고
佛以一音遍十方하시니　入此解脫莊嚴主니이다

부처님이 세월(劫)의 바다에서 모든 행을 닦은 것은
세간에 어리석음의 어두운 망혹을 소멸하기 위한 것이기에
이런 까닭으로 청정한[136] 광명으로 최고로 비추어 밝히시니
이것은 변화력광명 천왕이 마음에 깨달은 바입니다.

세간에 있는 바 미묘한 음성이라도
능히 여래의 음성에는 비교할 수 없고
부처님은 한 음성으로써 시방에 두루하시니
이 해탈문에 들어간 이는 장엄주 천왕입니다.

> 疏

三四는 可知라

세 번째와 네 번째 게송은 가히 알 수가 있을 것이다.

---

[136] 원문에 청정이란, 청정한 지혜 광명이다.

經

世間所有衆福力도　　不與如來一相等하고
如來福德同虛空하시니　此念光天所觀見이니다

세간에 있는 바 수많은 복덕의 힘도
여래의 한 모습[137]으로 더불어 같지 못하고
여래의 복덕은 허공과 같으시니
이것은 염광 천왕이 관찰하여 본 바입니다.

疏

五中에 初二句는 福德相이요 次句는 無盡相이라 相好者는 經云호 대 盡人中福이라도 不及一天이라하며 乃至云호대 盡世間福이라도 不及如來一相等이라하니라

다섯 번째 게송 가운데 처음에 두 구절은 위에 복덕의 모습이라 한 것이요,
다음 구절은 위에 끝없는 모습[138]이라 한 것이다.

---

137 한 모습(一相)이란, 여래의 한 복덕의 모습(一福德相)을 말한다.
138 끝없는 모습이라고 한 것은, 넓고 많아 경계를 끊은 것을 통석한 것이니, 허공이 넓고 많음과 경계를 끊은 두 가지 뜻을 갖추고 있는 까닭이다. 그러한즉 앞의 소문에 경계가 끊어진 것으로써 허공에 비유한 것은 우선 한 가지 뜻만 취한 까닭이다.

상호相好[139]라는 것은 『선생경』에 말하기를 인간 가운데 복덕을 다할지라도 한 하늘에도 미치지 못한다 하였으며,
내지 말하기를 세간에 복덕을 다할지라도 여래의 한 모습에도 미치지 못한다 한 등이라 하였다.

鈔

相好者는 經云호대 盡人中福等者는 等取善生經云호대 一切世間福이 不及如來一毛功德하며 一切毛功德이 不及一好하며 一切好功德이 不及一相하나니 故名福相이라하야 云호대 不及如來一相等이라하니라 等取瑜伽四十九에 亦如是說하니라

상호라는 것은 『선생경』에 말하기를 인간 가운데 복덕을 다할지라도 라고 한 등은, 『선생경』에 말하기를[140] 일체 세간의 복덕이 여래의 한 털끝 공덕에도 미치지 못하며
일체 털끝의 공덕이 한 상호相好에도 미치지 못하며

---

139 상호자者라 한 자者 자는 없는 것이 좋다고 『잡화기』는 말한다. 그러나 있어도 무방하다 하겠다.
140 『선생경』에 말하였다고 한 등은, 다음다음 줄(九行)에 고명복상故名福相이라 한 이상이 다 이 『선생경』의 말이니, 복상福相일새 일상등一相等이며, 유가喩伽니 吐이다. 혹은 일상등 아래에 우又 자가 빠진 듯하다 하였다. 역시 『잡화기』의 말이다. 그러나 내가 번역한 것과 뜻은 차이가 없다. 『유망기』는 끝줄 일상 등에 등취를 번역한다 하였다. 참고하라. 나는 9행에 一相하나니 복상福相이라 하야 吐로 번역하였다. 매우 좋은 '토'이다.

일체 상호의 공덕이 한 모습에도 미치지 못하나니,
그런 까닭으로 복덕의 모습이라 이름한다 한 것을 등취[141]하여 말하기를 여래의 한 모습에도 미치지 못한다 한 등이라 하였다.
『유가론』사십구권에 또한 이와 같이 설한 것도 등취한 것이다.

---

141 등취란 의취義取라고도 하나니, 『선생경』을 뜻으로 취한 것이라는 말이다.

經

三世所有無量劫에　　如其成壞種種相을
佛一毛孔皆能現하시니　最上雲音所了知니이다

삼세에 있는 바 한량없는 세월에
그 이루어지고 무너짐과 같은 가지가지 모습을
부처님의 한 털구멍에 다 능히 나타내시니
최상운음 천왕이 아는 바입니다.

疏

六中에 約天之智일새 普知라하야거니와 約佛一毛일새 能現이라하 니라
七은 闕이라

여섯 번째 게송 가운데 위에서는 천왕의 지혜[142]를 잡았기에 널리 안다(普知)고 하였거니와,
지금에는 부처님의 한 털구멍을 잡았기에 능히 나타낸다 하였다.

일곱 번째는 빠졌다.

---

142 원문에 지지之智는 오히려 시지是智라 말할 것이라고 『잡화기』는 말한다.

經

十方虛空可知量이나   佛毛孔量不可得이니
如是無礙不思議를   妙髻天王已能悟니이다

시방의 허공은 가히 그 양量을 알 수 있지만
부처님의 털구멍의 양은 가히 앎을 얻을 수 없나니
이와 같이 걸림이 없고 사의할 수 없는 것을
묘계 천왕은 이미 능히 깨달았습니다.

疏

八中에 初二句는 明毛孔過空이니 謂靈智證理일새 非如虛空이요 眞理超事일새 故亦非比니 無限理智는 不可分析이라 隨其少分하야 卽融攝重重일새 故一毛之量이 便越虛空이라 次句는 別示越相이니 謂毛孔不大나 而無涯니 卽廣陝無礙라 故로 杜絕思議之境이니라 前卽一光外展거니와 今卽一毛가 內廣이니 文綺互耳니라 一毛本自遍空거니 十方에 豈得難滿이리오

여덟 번째 게송 가운데 처음에 두 구절은 부처님의 털구멍의 양이 허공을 초과함을 밝힌 것이니,
말하자면 부처님의 신령스러운 지혜는[143] 진리를 증득하게 하기에

---

[143] 말하자면 부처님의 신령스러운 지혜라고 한 등은, 이것은 지혜와 진리로써

허공과 같지 않는 것이요,
진리는 사실을 초월하기에 그런 까닭으로 또한 비교할 수 없나니,
분한이 없는 진리와 지혜(理·智)는 가히 분석할 수 없는 것이다.
그 소분少分의 양을 따라서 곧 융섭融攝하기를 중중重重으로 하기에 그런 까닭으로 한 털구멍의 양이 문득 허공의 양을 초월하는 것이다.
다음 구절은 따로 초월의 모습을 보인 것이니,
말하자면 털구멍이 크지 않지만 끝이 없나니
곧 넓고 좁은 것이 걸림이 없는 것이다.
그런 까닭으로 사의할 수 있는 경계를 막아 끊는 것이다.
앞의 장행長行에서는 곧 한 광명이 밖으로 시방의 허공에 펼쳤거니와.
지금에는 곧 한 털구멍이 안으로 넓은 것이니
문장이 비단처럼 서로 어긋매끼었을[144] 뿐이다.
한 털구멍이 본래 스스로 허공에 두루하였거니 시방에 어찌 충만하기 어려움을 얻겠는가.

털구멍에 배대한 것은 이 자성에 칭합한 털구멍이니 곧 자성에 칭합한 뜻을 잡아서는 가히 이 진리라 말할 것이고, 또 이미 부처님의 자성에 칭합한 털구멍이라 하였다면 곧 그 부처님을 잡아서는 가히 이 지혜라 말할 것이라고 『잡화기』는 말하고 있다.

144 원문에 기호綺互는 비단처럼 서로 교차되어 있다는 것이다.

鈔

毛孔過空은 疏有三段하야 說三種過하니 一은 如來靈智는 能證眞理나 虛空은 不能證이요 二는 如來稱眞理空은 超過事空이니 事空卽斷滅空故요 三에 無限理智下는 雙結上二의 皆不可分이니 理無分限하고 智契於理일새 亦無分限이라 智結靈智요 理結眞理니 旣不可分이라 一毛稱眞인댄 則重重融攝거니 此處之空이 豈不能攝於餘處之空이리요

부처님의 털구멍의 양이 허공을 초과한다고 한 것은 소문疏文에 삼단이 있어서 세 가지 초과함[145]을 설하였으니,
첫 번째는 여래의 신령스러운 지혜는 능히 진리를 증득하게 하지만 허공은 능히 증득하게 하지 못하는 것이요,

---

[145] 세 가지 초과한다고 한 것은, 본래 두 가지 초과라 한 것을 고친 것이니, 그 뜻은 제 세 번째 해석이 비록 이 앞(一)에 앞(二)에 해석을 함께 맺는 것이나 그러나 그 중중으로 융섭한다는(2책, p.815, 6행) 뜻이 곧 앞에 두 가지 해석을 아직 발현하지 못한 바인 까닭이다.
혹은 가히 세 번째 해석이 비록 그 뜻은 첫 번째와 두 번째(等)를 벗어났으나 이미 앞에 두 가지 해석을 함께 맺는 것이니, 곧 다만 앞에 두 가지 뜻을 넓힌 것일 뿐 따로 자체가 없는 까닭이라 하였다. 이상은 『잡화기』의 말이나 『유망기』의 뜻도 별반 다르지 않다. 차라리 『사기私記』가 더 난해하다. 나의 주석을 보라. 너무 쉽다. 나는 세 가지 초과한다고 한 것은 두 가지 초과한다고도 하나니, 곧 진리의 초과(理過)와 지혜의 초과(智過)라 말할 것이다.

두 번째는 여래의 진리에 칭합한 이공理空은 사공事空을 초과하나니 사공은 곧 단멸공인 까닭이요,
세 번째 분한이 없는 진리와 지혜라고 한 아래는 위에 두 가지를 다 가히 분석할 수 없음을 모두 맺는 것이니,
진리는 분한이 없고 지혜도 진리에 계합하기에 역시 분한이 없는 것이다.
지智는 신령스러운 지혜를 맺는말이고,
이理는 진리를 맺는말이니
이미 가히 분석할 수 없는 것이다.
한 털구멍의 양이라도 진리에 칭합하면 곧 중중으로 융섭하거니, 이곳의 허공이 어찌[146] 능히 나머지 처소의 허공을 융섭하지 못하겠는가.

---

146 기능豈能이라 한 기豈 자는 불필요한 글자가 아닌가 염려한다. 말하자면 털구멍인즉 스스로 능히 중중으로 융섭하지만 그러나 허공인즉 능히 다른 허공을 융섭하지 못하는 것이다. 혹은 가히 이 털구멍 처소의 허공이 능히 나머지 다른 처소의 허공을 융섭한다는 것이니, 이것은 곧 위에 융섭이라는 말을 해석한 것이다. 역시 『잡화기』의 말이다.

經

佛於囊世無量劫에　　具修廣大波羅蜜하며
勤行精進無厭怠하시니　喜慧能知此法門이니다

부처님은 지난 세상 한량없는 세월에
광대한 바라밀을 갖추어 닦았으며
부지런히 정진을 행하여 싫어하거나 게으름이 없으셨나니
희혜 천왕이 능히 이 법문을 알았습니다.

疏

九中에 初句는 長時修요 次句는 無餘修요 次句는 無間修니 具此
三修故로 進力難壞니라 而言廣大波羅蜜者는 至第五經釋하니라

아홉 번째 게송 가운데 처음 구절은 긴 시간 동안 수행하였다는
것이요,
다음 구절은 남김없이 수행하였다는 것이요,
다음 구절은 간단없이 수행하였다는 것이니,
이 삼수三修를 갖춘 까닭으로 정진의 힘을 무너뜨리기 어려운 것이다.

광대한 바라밀이라고 말한 것은 화엄 제오경[147]에 이르러 해석하겠다.

---

147 제오경이란, 세주묘엄품 一의 五권이니 그 가운데 법계보음法界普音 보살
　게송에 부처님이 왕석에 수행한 십바라밀을 말하고 있다.

經

業性因緣不可思를　　佛爲世間皆演說이나
法性本淨無諸垢하나니　此是華光之入處니이다

업의 자성과 인연이 가히 사의할 수 없는 것을
부처님이 세간을 위하여 다 연설하시지만
법의 자성은 본래 청정하여 모든 때가 없나니
이것은 화광계 천왕이 들어간 곳입니다.

疏

十中에 初句는 總顯業之性相이니 卽緣生은 果報之不亡하야 便是 無性之非有일새 故로 不可有無思也니라 次句는 佛如是說하면 天 如是知니라 次句는 以法性으로 示業性이라

열 번째 게송 가운데 처음 구절은 업의 자성과 모습을 모두 나타낸 것이니,
곧 인연으로 태어난 것은 과보가 없지 않아서 문득 자성이 있지 아니함이 없기에 그런 까닭으로 가히 있다, 없다로 사량할 수 없는 것이다.
다음 구절은 부처님이 이와 같이 설하면 하늘도 이와 같이 아는 것이다.
다음 구절은 법의 자성으로써 업의 자성을 보인 것이다.[148]

148 법의 자성으로써 업의 자성을 보인 것이라고 한 것은, 업의 자성이 법의 자성으로 좇아 생기하는 까닭이다.

> 經

汝應觀佛一毛孔하라　　一切衆生悉在中이나
彼亦不來亦不去하나니　此普見王之所了니이다

그대들은 응당 부처님의 한 털구멍을 관찰하세요.
일체중생이 다 그 가운데 있지만
저 중생이 또한 온 적도 없고 또한 간 적도 없나니
이것은 보견시방 천왕이 아는 바입니다.

> 疏

十一中에 初二句는 小一現大多이니 爲一難思요 次句는 現時不來하고 不現不去니 又難思也니라

열한 번째 게송 가운데 처음에 두 구절은 작은 하나가 크게 많은 것[149]을 나타내는 것이니
첫 번째 사의하기 어려움이 되는 것이요,
다음 구절은 나타날 때에 온 적도 없고 나타나지 아니할 때에 간 적도 없는 것이니 또한 사의하기 어려움[150]이 되는 것이다.

---

149 작은 하나는 제일구에 부처님의 한 털구멍이라 한 것이고, 크게 많은 것은 제이구에 일체중생이다.
150 사의하기 어렵다고 한 것은, 위의 장행문에는 더욱 사의하기 어려움을 나타낸 것이다 하였다.

經

復次 知足天王은 **得一切佛出興世**하사 **圓滿敎輪**케하는 **解脫門**하며

다시 지족 천왕[151]은 일체 부처님이 세간에 출흥하여 교륜敎輪을 원만케 하는 해탈문을 얻었으며

疏

第三은 **知足天**이라 **長行十法中**에 **第一天**은 **得總相法門**이니 **諸佛將興**에 **皆生彼天**이라가 **下生之時**에 **普應法界**하야 **頓闡華嚴**이 **爲圓滿相**이라

제 세 번째는 지족천知足天이다.
장행문 십법 가운데 첫 번째 천왕은 총상법문總相法門을 얻은 것이니, 모든 부처님이 장차 출흥하심에 다 저 하늘에 태어났다가, 하생下生 하실 때에 널리 법계에 응하여 문득 화엄을 밝히는 것이 원만한 모습이 되는 것이다.

---

151 지족 천왕 이하는, 제 세 번째 발광지에 속한다.

ⓚ

喜樂海髻天王은 得盡虛空界에 淸淨光明身케하는 解脫門하며

희락해계 천왕은 허공계에 청정한 광명의 몸을 다하게[152] 하는 해탈문을 얻었으며

ⓢ

二에 盡虛空等者는 光明色身이 皆遍空界나 了不可取일새 故云 淸淨이라하니라

두 번째 허공계에 청정한 광명의 몸을 다하게 한다고 한 등은, 광명의 색신이 다 허공계에 두루하지만
마침내 가히 취할 수 없기에 그런 까닭으로 말하기를 청정이라 한 것이다.

---

[152] 원문에 盡은 여기서는 변편의 뜻이다.

> 經

最勝功德幢天王은 **得消滅世間苦**하는 **淨願海**의 **解脫門**하며

최승공덕당 천왕은 세간의 고통을 소멸하는 청정한 서원의 바다[153]의 해탈문을 얻었으며

> 疏

三은 **以淨願力**으로 **滅惑業苦**라

세 번째는 청정한 서원의 힘으로써[154] 혹惑·업業·고꿈를 소멸하는 것이다.

---

153 세간의 고통을 소멸하는 청정한 서원의 바다라고 한 것은, 혹 세간의 고통을 소멸하고 서원의 바다를 청정케 하는이라고도 해석하나니, 그 이유는 아래 영인본 화엄 2책, p.820, 9행 게송 소문에 이행정원以行淨願이라 하여 행으로써 서원을 청정케 한다고 하였기에 하는 말이다.

154 원문에 이정원력以淨願力이라 한 것은, 아래 게송 소문에 이행정원以行淨願이라 한 것을 근간하여 해석하면 서원을 청정케 한 힘으로써라고 해석할 것이다.

經

寂靜光天王은 得普現身說法하는 解脫門하며
善目天王은 得普淨一切衆生케하는 解脫門하며

적정광 천왕은 널리 몸을 나타내어 법을 설하는 해탈문을 얻었으며

선목 천왕은 널리 일체중생을 청정케 하는 해탈문을 얻었으며

疏

四五는 可知라

네 번째와 다섯 번째는 가히 알 수가 있을 것이다.

> 經

寶峯月天王은 得普化世間하야 常現前하는 無盡藏의 解脫門하며

보봉월 천왕은 널리 세간을 교화하여 항상 앞에 나타나는 무진장無盡藏[155]의 해탈문을 얻었으며

> 疏

六에 普化等者는 普卽無偏이요 常卽無間이요 示其眞樂은 卽如來藏이라

여섯 번째 널리 세간을 교화한다고 한 등은, 널리(普)라고 한 것은 곧 치우침이 없다는 것이요,
항상(常)이라고 한 것은 곧 간단이 없다는 것이요,
그 중생에게 진실로 안락한 곳을 시현한다[156]고 한 것은 곧 여래장이다.

---

155 무진장無盡藏은 여래장이다.
156 그 중생에게 진실로 안락한 곳을 시현한다고 한 것은, 아래 게송에는 중생에게 안락한 곳을 시현한다 하였다.

經

勇健力天王은 **得開示一切佛**의 **正覺境界**하는 **解脫門**하며

용건력 천왕은 일체 부처님의 정각 경계를 열어 보이는 해탈문을 얻었으며

疏

七은 **自覺智境**에 **佛已入之故**며 **示物同悟故**니라

일곱 번째는 스스로 깨달은 지혜의 경계에 부처님이 이미 들어간[157] 까닭이며,
중생에게 열어 보여 다 같이 깨닫게 하는 까닭이다.

---

157 부처님이 이미 들어갔다가 한 등은, 아래 게송에 불입佛入이라 말하고 지금에 개시開示라 말한 까닭으로 여기에 회통한 것이니 之故며 吐이다. 이상은 『잡화기』의 말이다. 게송에 佛入이라고 한 것은 영인본 화엄 2책, p.823, 8행에 첫 구절에 제불諸佛이라 한 불佛 자와 세 번째 구절에 入於諸刹이라 한 입入 자만 따서 말한 것이니, 참고할 것이다.

經

金剛妙光天王은 得堅固一切衆生菩提心하야 令不可壞케하는 解脫門하며

금강묘광 천왕은 일체중생의 보리심을 견고하게 하여 하여금 가히 무너뜨릴 수 없게 하는 해탈문을 얻었으며

疏

八은 以淨福으로 堅菩提心이라

여덟 번째는 청정한 복으로써
보리심을 견고하게 하는 것이다.

> 經

星宿幢天王은 得一切佛出興에 咸親近觀察하야 調伏衆生하는 方便解脫門하며

성수당 천왕은 일체 부처님이 출흥하심에 다 친근하고 관찰하여 중생을 조복하는 방편의 해탈문을 얻었으며

> 疏

九는 謂仰觀下化라

아홉 번째는 말하자면 위로는 부처님을 우러러 관찰하고 아래로는 중생을 교화하는 것이다.[158]

---

[158] 부처님을 우러러 관찰한다고 한 것은 경문에 일체 부처님이 출흥하심에 다 친근하고 관찰한다 한 것이고, 중생을 교화한다고 한 것은 경문에 중생을 조복한다 한 것이다.

> 經

妙莊嚴天王은 得一念悉知衆生心하고 隨機應現하는 解脫門하 니라

묘장엄 천왕은 한 생각에 일체중생의 마음을 다 알고 근기를 따라 응하여 나타나는 해탈문을 얻었습니다.

> 疏

十은 卽照現이 迅疾也니라

열 번째는 곧 비추어 나타나는 것이 빠르고도 빠른 것이다.[159]

---

[159] 비추어 나타난다고 한 것은 경문에 근기를 따라 응하여 나타난다 한 것이고, 빠르고도 빠르다고 한 것은 경문에 한 생각에 일체중생의 마음을 다 안다 한 것이다.

經

爾時에 知足天王이 承佛威力하야 普觀一切知足天衆하고 而說頌言호대

如來廣大遍法界하시고　於諸衆生悉平等하시며
普應群情闡妙門하야　　令入難思淸淨法하니다

그때에 지족 천왕이 부처님의 위신력을 받아 널리 일체 지족천의 대중을 관찰하고 게송을 설하여 말하기를,

여래는 광대하여 법계에 두루하시고
모든 중생에게 다 평등하시며
널리 중생(群情)에게 응하여 묘한 문을 열어
하여금 사의하기 어려운 청정한 법에 들어가게 하십니다.

疏

偈中에 初偈의 前半은 卽出世義니 上句는 體智俱遍이요 下句는 悲用皆普라 後半은 卽圓滿教輪이니 前句는 卽實之權이니 爲妙門이요 後句는 會權入實이니 爲圓滿이라

게송 가운데 처음 게송의 앞에 반[160]은 곧 위에 세간에 출흥했다고 한 뜻이니,

위에 구절(初句)은 부처님의 자체와 지혜가 함께 두루한 것이요,
아래 구절은 부처님의 자비와 작용이 다 넓은 것이다.
뒤에 반[161]은 곧 위에 교류을 원만케 한다고 한 뜻이니,
앞의 구절(第三句)은 진실(實)에 즉한 방편(權)이니
묘한 문[162]이 되는 것이요,
뒤의 구절(第四句)은 방편(權)을 모아 진실(實)에 들어가는 것이니
원만[163]이 되는 것이다.

---

160 앞에 반이란 처음에 두 구절이다.
161 뒤에 반이란 아래 두 구절이다.
162 묘한 문이라고 한 것은 여기 게송문이다.
163 원만이라고 한 것은 위에 장행문이다.

經

佛身普現於十方에　　無著無礙不可取나
種種色像世咸見하나니　此喜髻天之所入이니다

부처님의 몸이 널리 시방에 나타나심에
집착함도 없고 걸림도 없어 가히 취할 수 없지만
가지가지 색상을 세간이 다 보나니
이것은 희락해계 천왕이 들어간 바입니다.

疏

二中은 可知라

두 번째 게송 가운데 문장은 가히 알 수가 있을 것이다.

> 經

如來往昔修諸行하사대　　淸淨大願深如海하야
一切佛法皆令滿케하시니　勝德能知此方便이니다

여래가 지나간 옛날에 모든 행을 닦으시되
청정한 큰 서원이 깊기가 바다와 같아서
일체 불법을 다 하여금 만족케 하시니
최승공덕당 천왕이 능히 이 방편을 알았습니다.

> 疏

三中에 初二句는 以行淨願이요 次句는 雜染本空故로 前令滅이라 하고 佛法本具故로 今令滿이라하니 妄盡眞顯이라 二言相成하니라

세 번째 게송 가운데 처음에 두 구절은 행으로써 서원을 청정케 한 것이요,
다음 구절은 잡염雜染[164]이 본래 공한 까닭으로 앞에서는 하여금 소멸케 한다 하였고,
불법을 본래 구족한 까닭으로 지금에는 하여금 만족케 한다 하였으니 허망한 것(妄)이 다함에 진실(眞)이 나타나는 것이다.[165]

---

[164] 잡염雜染이란, 위의 장행문에는 세간의 고통(苦)이라 하고, 그 장행의 소문에는 혹惑, 업業, 고苦라 하였다.
[165] 허망한 것이 다했다고 한 것은 위에 장행문의 뜻이고, 진실이 나타난다고

따라서 두 말이 서로 성립한다[166] 하겠다.

한 것은 지금에 게송문의 뜻이다.
166 두 말이 서로 성립한다고 한 것은, 위의 장행문에서는 세간의 고통을 소멸한다 하고, 지금 게송문에서는 일체 불법을 다 하여금 만족케 한다 하니, 장행문과 게송문의 두 말이 서로 성립하는 뜻이 있다 하겠다.

經

如來法身不思議가　　如影分形等法界인달하야
處處闡明一切法하시니　寂靜光天解脫門이니다

여래의 법신은 사의할 수 없는 것이
마치 그림자가 형상을 나누어 법계와 같게 함과 같아서
곳곳에 일체법을 밝히시니
적정광 천왕의 해탈문입니다.

疏

四中에 初二句는 依體普現이니 若月入百川하야 尋影之月에 月體不分하고 卽體之用이 用彌法界하나니 體用交徹일새 故不思議니라 次句는 稱根說法이라

네 번째 게송 가운데 처음에 두 구절은 부처님의 몸을 의지하여 널리 나타낸 것이니,
마치 달이 백천百川에 들어감과 같아서 그림자의 달을 찾아봄에 달의 자체는 나누어진 적이 없고
자체(體)에 즉한 작용(用)이 그 작용이 법계에 가득하나니,
자체와 작용이 서로 사무치기에 그런 까닭으로 사의할 수 없다고 하였다.
다음 구절[167]은 근기에 칭합하여 법을 설한 것이다.

鈔

尋影之月에 月體不分者는 此中法喩가 影略하니 若具更云인댄 以月隨影에 萬流異見하고 尋用之體에 體本寂然이라하리니 爲寂靜光也니라

그림자의 달을 찾아봄에 달의 자체는 나누어진 적이 없다고 한 것은, 이 말 가운데는 법과 비유가 그윽이 생략(影略)되었나니, 만약 갖추어서 다시 말한다면 달의 그림자를 따름에 만 물결에서 다르게 보이고,
작용의 자체를 찾아봄에 자체는 본래 고요하다 해야 할 것이니 적정의 광명(寂靜光)이 되는 것이다.

---

167 다음 구절은, 제삼구이다.

經

衆生業惑所纏覆로　　憍慢放逸心馳蕩거늘
如來爲說寂靜法하시니　善目照知心喜慶이니다

중생은 업혹에 얽혀 덮인 바로
교만하고 방일하여 마음이 치달리고 방탕하거늘
여래가 그들을 위하여 적정법을 설하시니
선목 천왕이 비추어 알고 마음에 기뻐하고 경사하였습니다.

疏

五中에 前半은 卽所淨之衆生이니 具三雜染故라 於中에 上句는 標요 下句는 略示惑相이라 慢是根本이요 憍逸隨惑이니 憍는 謂染自盛事요 慢은 謂恃己陵他요 放逸은 卽是縱蕩이라 憍爲染法所依요 慢은 能長淪生死요 放逸은 衆惑之本일새 故偏擧此三하니라 蕩者는 動也니 謂境風鼓擊에 飄蕩馳散이라 次句는 能淨法門이니 謂不取於相하야 當體寂故니라

다섯 번째 게송 가운데 앞에 반[168]은 곧 청정하게 할 바 중생이니, 세 가지 잡염[169]을 갖춘 까닭이다.

---

168 앞에 반(前半)이라고 한 것은, 처음에 두 구절이다.
169 세 가지 잡염이란, 교와 만과 방일이다.

그 가운데 위의 구절[170]은 한꺼번에 표한 것(標)이요,

아래 구절[171]은 간략하게 업혹의 모습을 보인 것이다.

만慢은 이 근본번뇌요,[172]

교憍와 방일은 수혹隨惑[173]이니

교憍는 말하자면 자기의 잘하는(盛) 일에 염착하는 것이요,

만慢은 말하자면 자기를 믿고 다른 사람을 업신여기는 것이요,

방일放逸은 곧 방종 방탕이다.

교憍는 염법染法의 소의所依가 되고,

만慢은 능히 생사에 길이 빠지게 하고,

방일은 수많은 번뇌(隨惑)의 근본이 되기에 그런 까닭으로 치우쳐 이 세 가지만을 거론하였다.

방탕(蕩)은 움직인다는 것이니,

말하자면 경계의 바람이 불어 닥침에 나부끼어 달리다가 사라지는 것이다.

다음 구절[174]은 능히 청정케 할 법문이니,

말하자면 모습(相)에 취착하지 아니하여 당체當體가 적정한 까닭이다.

---

170 위의 구절은 제일구이다.

171 아래 구절은 제이구이다.

172 만慢은 이 근본번뇌라고 한 것은, 여기에 배속한 가운데 먼저 만慢을 들어 말한 것은 번뇌의 본말 차례를 따른 까닭이요, 바로 다음에 그 번뇌의 모습을 해석하는 가운데 먼저 교憍를 들어 말한 것은 경문에 글자의 차례를 따른 까닭이라고 『잡화기』는 말한다.

173 수혹隨惑은 곧 수번뇌이다.

174 다음 구절은 제삼구이다.

鈔

慢是根本等者는 六根本中之一也라 憍逸隨惑者는 二十隨煩惱中之二也라 憍는 是小隨요 放逸은 是大隨니 並如初發心品이나 今略釋之는 以經有意故니라 憍謂以下는 釋三惑相이니 以順經文이라 故로 唯識云호대 慢은 謂恃己凌他하야 高擧爲性하고 能障不慢하야 生苦爲業이라하니 謂若有慢하면 於彼有德에도 心不謙下하야 由此生死에 輪轉無窮하야 受諸苦故라 故疏云호대 慢能長淪生死라하니라 論云호대 云何爲憍고 於自盛事에 深生染著하야 醉傲爲性하고 能障不憍하야 染依爲業이라하니 故疏云호대 憍爲染法所依라하니라 論云호대 云何放逸고 謂於染淨品에 不能防修하야 縱蕩爲性하고 障不放逸하야 增惡損善하는 所依爲業이라하니 故疏云호대 放逸은 卽是縱蕩이라 하니라 餘可思準이라

만慢은 이 근본번뇌라고 한 등은 여섯 가지 근본번뇌[175] 가운데 하나이다.
교憍와 방일은 수혹이라고 한 것은 스무 가지 수번뇌隨煩惱 가운데 두 가지이다.
교憍는 이 소수혹小隨惑이요,
방일은 이 대수혹大隨惑이니,
아울러 초발심 공덕품과 같지만 지금에 간략하게 해석한 것은 경에 의미가 있는[176] 까닭이다.

---

175 여섯 가지 근본번뇌라고 한 것은, 탐貪·진瞋·치痴·만慢·의疑·악견惡見이다.

교는 말하자면이라고 한 아래는 세 가지 업혹의 모습을 해석한 것이니,
경문을 따른 것이다.
그런 까닭으로 『유식론』에 말하기를 만慢은 말하자면 자기를 믿고 타인을 업신여겨 높은 거동으로 성품을 삼고 능히 불만不慢을 장애하여 고통을 일으킴으로 업을 삼는다 하였으니,
말하자면 만약 만慢이 있으면 저가 덕이 있음에도 마음이 겸손하여 내리지 못하여 이로 인유하여 생사에 윤전輪轉하는 것이 끝이 없어서 모든 고통을 받는 까닭이다.
그런 까닭으로 소문에 말하기를 만慢은 능히 생사에 길이 빠지게 한다 하였다.
『유식론』에 말하기를 어떤 것이 교憍가 되는가.
자기의 잘하는 일에 깊이 염착을 내어서 거만에 취함으로 성품을 삼고 능히 불교不憍를 장애하여 염의染依로 업을 삼는다 하였으니,
그런 까닭으로 소문에 말하기를 교는 염법의 소의가 된다 하였다.
『유식론』에 말하기를 어떤 것이 방일이 되는가.
말하자면 염품染品과 정품淨品에 능히 막고 수행[177]하지 아니하여

---

176 경에 의미가 있다고 한 것은, 경문에서 모든 번뇌 가운데 교·만·방일의 세 가지 번뇌만 말하고 있기에 간략하게 해석하였다는 것이다. 『잡화기』에 말하기를 경에 의미가 있다고 한 것은 세 가지 번뇌(三惑)의 뜻이 있음을 말하는 것이다 하였다.
177 원문에 방수防修라고 한 것은 악을 막고 선을 닦는 것이니, 즉 염품을 막고 정품을 닦는 것이라 하겠다.

방종 방탕으로 성품을 삼고 불방일不放逸을 장애하여 악을 더하고 선을 더는 소의所依로 업을 삼는다 하였으니,
그런 까닭으로 소문에 말하기를 방일은 곧 방종 방탕이라 하였다. 나머지는 생각하여 기준할 것이다.[178]

---

[178] 나머지는 생각하여 기준할 것이다 한 것은, 초가가 『유식론』을 인용하여 소문에 귀속시키되 저 세 가지 번뇌(三惑) 가운데 각각 한 가지 뜻으로써 소문에 귀속시키고 나머지는 곧 인용하여 배속하지 않았기에 여기에 하여금 생각하여 기준케 한 것이니, 만慢은 말하자면 자기를 믿고 다른 사람을 업신여기는 것과, 교憍는 말하자면 자기의 잘한 일에 염착하는 것과, 방일은 수많은 번뇌의 근본이 된다고 한 것이 이것이 그 나머지라는 것이다. 역시 『잡화기』의 말이다. 달리 말하면 나머지라고 한 것은 교와 만 가운데 자성과, 방일 가운데 업을 말하는 것이니 여기 인용한 『유식론』을 기준하여 생각할 것이라는 말이다.

經

一切世間眞導師가　　爲救爲歸而出現하사
普示衆生安樂處하시니　峯月於此能深入이니다

諸佛境界不思議하야　　一切法界皆周遍하며
入於諸法到彼岸하시니　勇慧見此生歡喜이니다

若有衆生堪受化하야　　聞佛功德趣菩提하면
令住福海常淸淨하시리니　妙光於此能觀察이니다

일체 세간에 참 도사가
구원자 되고 귀의처 되기 위하여 출현하여
널리 중생에게 안락한 처소를 보이시니
보봉월 천왕이 여기에 능히 깊이 들어갔습니다.

모든 부처님의 경계는 사의할 수 없어서
일체 법계에 다 두루하며
모든 법에 들어가서 저 언덕에 이르시니
용혜[179]력 천왕이 이것을 보고 환희를 내었습니다.

만약 어떤 중생이라도 교화 받음을 감당하여

---

[179] 용혜勇慧라고 한 것은, 장행문에는 용건력勇健力이라 하였다.

부처님의 공덕을 듣고 보리에 나아가려 한다면
하여금 복덕의 바다에 머물러 항상 청정케 하시나니
금광묘광 천왕이 여기에 능히 관찰하였습니다.

疏

六七及八은 文並可知라

여섯 번째와 일곱 번째와 그리고 여덟 번째 게송은 문장을 아울러 가히 알 수가 있을 것이다.

經

十方刹海微塵數의　　一切佛所皆往集하야
恭敬供養聽聞法하나니　此莊嚴幢之所見이니다

시방의 국토 바다에 작은 티끌 수만치 많은
일체 부처님의 처소에 다 가서 모여
공경하고 공양하여 법문을 들었나니
이것은 묘장엄당[180] 천왕이 본 바입니다.

疏

九中엔 通顯이라 上旣親近인댄 必當敬養聞法이니 以聞調他가 爲
眞供養이라 列名中엔 云星宿幢이라하고 故今莊嚴이라하니 與長
行互出하니라

아홉 번째 게송 가운데는 한꺼번에 나타낸 것이다.[181]

---

180 묘장엄당이라 한 것은, 위의 장행문에는 성수당이라 하였다.
181 한꺼번에 나타낸다고 한 것은, 『잡화기』에 말하기를 위의 장행문에는 곧 스스로 친근과 조복으로써 앙관과 하화의 이절을 따로 나타내었거늘, 지금에는 곧 다만 공경하고 공양하여 법문을 듣는 것으로써 앙관과 하화를 한꺼번에 나타내는 것이다 하였다. 그러나 『유망기』는, 즉 장행문에는 앙관仰觀과 하화下化를 따로 나타내었지만 그러나 지금 게송문에는 다만 앙관의 뜻만 있다. 그러나 소문에 법문을 듣고 중생을 조복하는 것이 참다운 공양이 된다고 한 것이 곧 하화가 되지만 그러나 앙관공양仰觀供養을 삼는 까닭으로

위에서 이미 친근하였다면 반드시 마땅히 공경하고 공양하여 법문을
들어야 하나니
들음으로써 다른 사람을 조복하는 것이 참다운 공양이 되는 것이다.
위에 이름을 열거하는 가운데는 성수당星宿幢이라 말하고, 짐짓
지금에는 장엄당莊嚴幢이라 하니
장행문으로 더불어 호용互用하여 설출한 것이다.

한꺼번에 나타낸다고 한 것이다 하였다. 그러나 나는 다만 친근과 공경과 공양을 한꺼번에 나타낸 것이라 하겠다.

經

衆生心海不思議하야　　無住無動無依處어늘
佛於一念皆明見하시니　　妙莊嚴天斯善了니이다

중생의 마음 바다는 사의할 수 없어서
머무름도 없고 움직임도 없고 의지할 곳도 없거늘
부처님이 한 생각에 다 분명하게 보시니
묘장엄 천왕이 이것을 잘 알았습니다.

疏

十中에 前半은 所知衆生心이니 上句는 標深廣이요 下句는 顯相이라 念慮不住가 多於草故로 廣也니라 深者에 有三義하니 一은 恒轉如流故로 不住요 二는 本體寂然故로 不動이요 三은 從緣妄起일새 無別所依니라 次句는 卽一念悉知니라

열 번째 게송 가운데 앞에 반은 알아야 할 바 중생의 마음이니,
위에 구절은 깊고도 넓은 것을 표한 것이요,
아래 구절은 모습을 나타낸 것이다.
생각이 머무름이 없는 것이 풀같이 많은 까닭으로 넓다 한 것이다.
깊다고 함에 세 가지 뜻이 있나니,
첫 번째는 항상 유전하는[182] 것이 폭류瀑流와 같은 까닭으로 머무르지 않는다 한 것이요,

두 번째는 본체가 고요한 까닭으로 움직이지 않는다 한 것이오,
세 번째는 인연으로 좇아 허망하게 일어나기에 따로 의지할 곳이
없다 한 것이다.
다음 구절[183]은 곧 한 생각에 다 아는 것이다.

---

182 첫 번째는 항상 유전한다고 한 등은, 이것은 경문(게송) 가운데 무주無住라는 한 가지 말은 깊고 넓은 것에 통하고, 무동無動과 무의처無依處라는 두 가지는 오직 깊은 것에만 통하는 것이다. 역시 『잡화기』의 말이다.

183 다음 구절이란, 제삼구이다.

ⓔ

復次 時分天王은 得發起一切衆生善根하야 令永離憂惱케하는 解脫門하며

다시 시분 천왕[184]은 일체중생에게 선근을 일으키게 하여 하여금 근심과 번뇌를 영원히 떠나게 하는 해탈문을 얻었으며

ⓢ

第四는 時分天이라 十法에 一은 善根若發하면 憂惱自除리라

제 네 번째는 시분천時分天이다.
장행문 십법에 첫 번째는 선근이 만약 일어난다면
근심과 번뇌가 자연스레 제멸될 것이다.

---

184 시분 천왕 이하는, 제 두 번째 이구지에 속한다.

經

妙光天王은 得普入一切境界하는 解脫門하며

묘광 천왕은 널리 일체 경계에 들어가는 해탈문을 얻었으며

疏

二는 以無限方便으로 普證法身之境이라

두 번째는 한량없는 방편으로써
널리 법신의 경계를 증득하는 것이다.

經

無盡慧功德幢天王은 得滅除一切患하는 大悲輪의 解脫門하며

무진혜공덕당 천왕은 일체 근심을 멸제하는 대비륜大悲輪의 해탈문을 얻었으며

疏

三은 悲摧惑苦일새 故名爲輪이라

세 번째는 대비로 미혹의 고통을 꺾기에
그런 까닭으로 이름을 윤輪이라 한 것이다.

經

善化端嚴天王은 得了知三世에 一切衆生心하는 解脫門하며

선화단엄 천왕은 삼세에 일체중생의 마음을 요달하여 아는 해탈문을 얻었으며

疏

四는 以三達智로 知機授法이라

네 번째는 삼세를 통달한 지혜[185]로써 근기를 알아 법을 주는 것이다.

---

[185] 원문에 삼달지三達智는 숙주宿住와 생사生死와 누진지漏盡智이다. 그러나 여기서는 삼세를 요달한 지혜를 말한다 하겠다.

經

總持大光明天王은 得陀羅尼門光明으로 憶持一切法하야 無忘失하는 解脫門하며

총지대광명 천왕은 다라니문의 광명으로 일체법을 기억해 가져 잃음이 없는 해탈문을 얻었으며

疏

五에 陀羅尼等者는 總持入理일새 故名爲門이요 以慧爲體일새 故云光明이라하니라 若取助伴인댄 則兼念定이니 念卽明記일새 故能憶持요 定乃心一일새 常無忘失이니 四無礙等의 一切諸法을 皆是所持니라

다섯 번째 다라니라고 한 등은 총지總持로 진리에 들어가기에 그런 까닭으로 이름을 문門이라 하고,
지혜로 자체를 삼기에 그런 까닭으로 말하기를 광명이라 하는 것이다.
만약 조반助伴을 취한다면 곧 염념과 정정을 겸하였다 할 것이니,
염념은 곧 분명히 기억하기에 그런 까닭으로 능히 기억해 가지고,
정정은 이에 마음이 한결 같기에 항상 잃음이 없나니
사무애四無礙 등 일체 모든 법을 다 가지는 바이다.

經

不思議慧天王은 得善入一切業自性하는 不思議方便의 解脫門하며

부사의혜 천왕은 일체 업의 자성에 잘 들어가는 사의할 수 없는 방편의 해탈문을 얻었으며

疏

六은 可知라

여섯 번째는 가히 알 수가 있을 것이다.

經

輪臍天王은 得轉法輪하야 成熟衆生하는 方便의 解脫門하며

윤제 천왕은 법륜을 전하여 중생을 성숙케 하는 방편의 해탈문을 얻었으며

疏

七에 轉法等者는 轉法示菩提之道가 卽是成熟衆生之方便이라

일곱 번째 법륜을 전한다고 한 등은 법륜을 전하여
보리의 도를 보이는 것이
곧 중생을 성숙케 하는 방편이다.

㉓ 經

光焰天王은 得廣大眼으로 普觀衆生하야 而往調伏케하는 解脫門하며

광염 천왕은 광대한 눈으로 널리 중생을 관찰하여 가서 조복케 하는 해탈문을 얻었으며

㉓ 疏

八은 十眼圓見하고 隨宜往調라

여덟 번째는 열 가지 눈으로 원만하게 보고 마땅함을 따라 가서 조복케 하는 것이다.

ⓔ 經

光照天王은 得超出一切業障하야 不隨魔所作케하는 解脫門하며

광조 천왕은 일체 업장을 뛰어나게 하여 마군의 작란하는 바를 따르지 않게 하는 해탈문을 얻었으며

ⓢ 疏

九에 超出等者는 超出業障은 使離惡因이요 不隨魔作은 捨惡緣也라

아홉 번째 일체 업장을 뛰어났다고 한 등은, 업장을 뛰어났다는 것은 하여금 악업의 원인을 떠나게 하는 것이요,
마군의 작란을 따르지 않게 한다는 것은 악업의 조연을 버리게 하는 것이다.

經

普觀察大名稱天王은 得善誘誨一切諸天衆하야 令受行心淸淨
케하는 解脫門하니라

보관찰대명칭 천왕은 일체 모든 하늘 대중[186]을 잘 달래어 가르쳐서 하여금 받아 행하게 하고 마음을 청정하게 하는 해탈문을 얻었습니다.

疏

十은 等雨法雨하야 誘令進善케하야 使彼受行케하고 誨令斷惡케하야 得心淸淨케하나니 此就於天이요 偈通一切라

열 번째는 진리의 비를 평등하게 내려 달래어 하여금 선善에 나아가게 하여 저 하늘 대중으로 하여금 받아 행하게 하고
가르쳐 하여금 악을 끊게 하여 마음이 청정함을 얻게 하는 것이니,
여기는 하늘 대중에게만 나아가 말한 것이요,
게송은 일체중생[187]을 통틀어 말한 것이다.

---

186 일체 모든 하늘 대중이라고 한 것은, 게송에는 다만 중생이라고만 하였다.
187 게송에는 天衆이라 하지 않고 衆生이라 하였다. 따라서 일체 천중에만 속하는 것이 아니라 삼계의 일체중생에게 다 속한다 하겠다.

> 經

爾時에 **時分天王**이 **承佛威力**하야 **普觀一切時分天衆**하고 **而說頌言**호대

그때에 시분 천왕이 부처님의 위신력을 받아
널리 일체 시분천의 대중을 관찰하고 게송을 설하여 말하기를

> 疏

偈中에도 **亦十**이라

게송 가운데도 역시 열 게송이 있다.[188]

---

188 게송 가운데도 역시 열 게송이 있다고 한 것은, 당연한 말인 것 같으나 혹 장행문이 열한 가지이고, 게송이 열 가지인 경우도 있고, 혹은 반대인 경우도 있고, 혹 장행과 게송이 열한 가지인 경우도 있기에 하는 말이다.

> 經

佛於無量久遠劫에　　已竭世間憂惱海하시고
廣闢離塵淸淨道하야　永耀衆生智慧燈하시니라

부처님은 한량없이 오랜 먼 세월에
이미 세간의 근심과 번뇌의 바다를 말리시고
널리 육진을 떠난 청정한 도를 열어서
영원히 중생에게 지혜의 등을 비추십니다.

> 疏

初偈는 通顯이니 前半은 彰己已離요 後半은 開發能離善根이라

처음 게송은 한꺼번에 나타낸 것이니[189]
앞에 반은 자기는 이미 떠난 것을 밝힌 것이요,
뒤에 반은 능히 번뇌를 떠날 선근[190]을 개발하는 것이다.

---

189 한꺼번에 나타낸 것이라고 한 것은, 앞에서는 곧 다만 중생으로 하여금 번뇌를 떠나게 하는 것만 밝혔고, 지금에는 이미 자기도 떠나고 또 중생으로 하여금 떠나게 하는 것을 함께 밝힌 까닭으로 한꺼번에 나타낸다 말한 것이다. 역시 『잡화기』의 말이다. 그러나 『유망기』는 장행문에는 이타만 밝혔고 여기 게송에는 자리와 이타를 한꺼번에 나타내기에 통현通顯이라 한다 하였다. 그러나 말은 다른 듯하나 그 뜻은 결국 같다 하겠다.
190 원문에 능리能離는 경문에 이진離塵이라 한 것이고, 선근善根은 경문에 청정도淸淨道라 한 것이다.

> 經

如來法身甚廣大하야　　十方邊際不可得이며
一切方便無限量이시니　　妙光明天智能入이니다

生老病死憂悲苦가　　逼迫世間無暫歇거늘
大師哀愍誓悉除하시니　　無盡慧光能覺了니이다

佛如幻智無所礙하고　　於三世法悉明達하사
普入衆生心行中하시니　　此善化天之境界니이다

總持邊際不可得하고　　辯才大海亦無盡하야
能轉淸淨妙法輪하시니　　此是大光之解脫이니다

여래의 법신은 깊고도 광대하여
시방에 그 끝을 가히 얻을 수 없으며
일체 방편도 한량이 없으시니
묘광명 천왕이 지혜로 능히 들어갔습니다.

생로병사와 우비고뇌가
세간을 핍박하여 잠시도 쉬지 않거늘
대사께서 어여삐 여겨 다 멸제하기를 서원하시니
무진혜광[191]공덕당 천왕이 능히 깨달아 알았습니다.

부처님의 환과 같은 지혜는 걸리는 바가 없고
삼세의 법에 다 분명하게 통달하여
널리 중생의 심행(心行) 가운데 들어가시니
이것은 선화단엄 천왕의 경계입니다.

총지의 끝도 가히 얻을 수 없고
변재의 큰 바다도 또한 끝이 없어서
능히 청정하고도 묘한 법륜을 전하시니
이것은 총지대광명 천왕의 해탈입니다.

疏

二三四五는 文並可知라

두 번째와 세 번째와 네 번째와 다섯 번째 게송은 문장을 아울러 가히 알 수가 있을 것이다.

---

191 무진혜광이라 한 광光 자는 장행문에는 없다.

> 經

業性廣大無窮盡거늘　　智慧覺了善開示하사대
一切方便不思議하시니　　如是慧天之所入이니다

업의 자성이 광대하여 끝이 없거늘
지혜로 깨달아 아시고 잘 열어 보이시되
일체 방편이 사의할 수 없으시니
이와 같은 것은 부사의혜 천왕의 들어간 바입니다.

> 疏

六中에 初句는 卽業性이니 言廣大者는 一念造一切故요 無窮盡
者는 未得對治면 無能止故로 有多門故라 次句는 善入이니 智了는
自入이요 開示는 令他入이라 次句는 入門多種이라

여섯 번째 게송 가운데 처음 구절은 곧 업의 자성이니
광대하다고 말한 것은 한 생각에 일체를 짓는 까닭이요,
끝이 없다고 한 것은 상대하여 다스림을 얻지 못하면 능히 그칠
수없는 까닭으로 깨달아 들어감에 여러 가지 문(多門)이 있는 까닭
이다.
다음 구절[192]은 잘 들어간다는 뜻이니

---

[192] 다음 구절이란, 제이구이다.

지혜로 깨달아 안다고 한 것은 스스로 깨달아 들어가는 것이요, 열어 보인다고 한 것은 다른 사람으로 하여금 깨달아 들어가게 하는 것이다.

다음 구절[193]은 깨달아 들어가는 문이 여러 가지가 있다는 것이다.

---

193 다음 구절이란, 제삼구이다.

經

轉不思議妙法輪하야　　顯示修習菩提道하사
永滅一切衆生苦하시니　　此是輪臍方便地이니다

如來眞身本無二나　　應物隨形滿世間일새
衆生各見在其前하나니　　此是焰天之境界니이다

사의할 수 없이 묘한 법륜을 전하여
보리의 도를 닦아 익힌 것을 나타내 보여
영원히 일체중생의 고통을 소멸케 하시니
이것은 윤제 천왕의 방편의 경지입니다.

여래의 참다운 몸은 본래로 둘이 없지만
중생을 응대하고 형상을 따라 세간에 충만하기에
중생이 각각 그 앞에 있음을 보나니
이것은 광염 천왕의 경계입니다.

疏

七八도 亦可知라

일곱 번째와 여덟 번째 게송도 또한 가히 알 수가 있을 것이다.

經

若有衆生一見佛하면　　必使淨除諸業障하며
離諸魔業永無餘하리니　光照天王所行道니이다

만약 어떤 중생이라도 한 번만 부처님을 친견하면
반드시 하여금 모든 업장을 깨끗이 제거하게 하며
모든 마군의 업을 떠나 영원히 남음이 없게 하리니
광조 천왕이 행한 바 도입니다.

疏

九中에 初句는 見佛爲緣이요 次二는 見佛二益이니 一은 正智生하면 必內超業障이요 二는 佛爲眞導어니 豈外逐魔緣하며 旣不隨魔어니 安造魔業이리요 十魔並離일새 故致諸言이라

아홉 번째 게송 가운데 처음 구절은 부처님을 친견하는 것이 인연이 되는 것이요,
다음에 두 구절은 부처님을 친견함에 두 가지 이익이 있나니
첫 번째는 바른 지혜가 생기면 반드시 안으로 업장을 뛰어나는 것이요,
두 번째는 부처님이 참다운 인도자가 되거니 어찌 밖으로 마군의 인연을 좇으며,
이미 마군을 따르지 아니하였거니 어찌 마군의 업을 짓겠는가.

열 가지 마군을 아울러 떠나보내기에 그런 까닭으로 모든 마군이라는 말을 이루는 것이다.

鈔

十魔並離者는 卽五十八經이니 一은 蘊魔요 二는 煩惱魔요 三은 業이요 四는 心이요 五는 死요 六은 天이요 七은 善根이요 八은 三昧요 九는 善知識魔요 十은 菩提法智魔니 下廣有釋하니라

열 가지 마군을 아울러 떠나보낸다고 한 것은 곧 화엄 오십팔경[194]이니,
첫 번째는 오온의 마군이요,
두 번째는 번뇌의 마군이요,
세 번째는 업의 마군이요,
네 번째는 마음의 마군이요,
다섯 번째는 죽음의 마군이요,
여섯 번째는 하늘의 마군이요,
일곱 번째는 선근의 마군이요,
여덟 번째는 삼매의 마군이요,
아홉 번째는 선지식의 마군이요,
열 번째는 보리법지菩提法智의 마군이니
아래에 폭넓게 해석한 것[195]이 있다.

---

[194] 五十八經은 인자권鱗字卷 상권 1장을 가리킨 것이다.

―――――――――

195 아래에 폭넓게 해석한 것이라고 한 것은, 인자권鱗字卷 상권 초두(1장)에 있다.

> 經

一切衆會廣大海에　　佛在其中最威耀하시며
普雨法雨潤衆生하시니　此解脫門名稱入이니다

일체 대중이 모인 광대한 바다에
부처님이 그 가운데 계셔 가장 위대하고 빛나시며
널리 진리의 비를 내려 중생을 윤택케 하시니
이 해탈문에는 보관찰대명칭 천왕이 들어갔습니다.

> 疏

十도 亦可知라

열 번째 게송도 또한 가히 알 수가 있을 것이다.

經

復次 釋迦因陀羅天王은 **得憶念三世佛出興**하며 **乃至刹成壞皆明見**하야 **大歡喜**하는 **解脫門**하며

다시 석가인다라 천왕[196]은 삼세에 부처님이 출흥하심을 기억하여 생각하며, 내지 국토가 이루어지고 무너짐을 다 분명하게 보아 크게 환희하는 해탈문을 얻었으며

疏

第五는 三十三天衆이라 長行에 有十一法하니 初中엔 承力故로 憶念이니 念過去佛者는 曾入此天故라 三世有二하니 一은 亦念未來요 二는 過去를 自互相望에 亦有三世라 生大喜者는 境殊勝故며 慶自福故니라

제 다섯 번째는 삼십삼천 대중이다.
장행문에 열한 법이 있나니,
처음 가운데는 부처님의 힘을 받은 까닭으로 기억하여 생각하는 것이니,
과거에 부처님을 생각하는 것은 일찍이 이 하늘에 들어간[197] 까닭

---

196 석가인다라 천왕 이하는, 첫 번째 환희지에 속하는 것이다.
197 일찍이 이 하늘에 들어갔다고 한 것은, 제석이 부처님을 찬탄함에 과거에

이다.

삼세에 두 가지가 있나니,[198]

첫 번째는 또한 생각하는 것은 미래요,[199]

두 번째는 과거를 스스로 서로서로 바라봄에 또한 삼세가 있다.[200]

열 부처님이 다 자기 궁전(제석궁전)에 들어오셨다는 것을 밝힌 것이니 여자권餘字卷 상권 14장을 볼 것이다. 역시 『잡화기』의 말이다. 『유망기』는 과거의 人佛이 이 하늘(제석천궁)에 들어오셨다 하였다.

198 삼세에 두 가지가 있다고 한 것은, 처음에는 과거·현재·미래의 삼세를 잡은 것이니, 또한 생각하는 것은 미래라고 한 것은, 그 뜻에 말하기를 무릇 기억하여 생각한다고 말하는 것은 비록 다분히 과거를 생각하는 것을 잡아 말하는 것이나, 그러나 지금에 기억하여 생각한다고 말한 것은 곧 오직 과거를 생각할 뿐만 아니라 또한 능히 미래도 생각하는 것이니, 이미 능히 미래도 생각한다면 곧 그 현재를 생각하는 것은 또한 말을 기다리지 않는(말할 필요가 없다) 까닭으로 따로 말하지 않는다. 뒤에는 과거 가운데 삼세를 잡은 것이니, 기억하여 생각한다는 말을 따르기 위하기에 그런 까닭으로 이 해석이 있는 것이다. 정의正義가 이와 같으니 이설로 더 이상 수고하지 말 것이다. 이상은 『잡화기』의 말이다. 그러나 『유망기』는 삼세에 두 가지가 있다고 한 것은, 첫 번째는 생각이 없는 것(無念)이 과거라고 한다면 곧 또한 생각이 있는 것(有念)은 미래이고 능히 생각하는 것(能念)은 곧 현재이다. 두 번째는 과거의 일세一世 가운데 스스로 삼세를 갖추고 있나니 과거의 명시明時(내일)가 곧 현재이고, 그 과거를 바라봄에 곧 미래가 되고, 지금 현재를 바라봄에 곧 과거가 되는 것이다 하였다.

199 첫 번째는 또한 생각하는 것은 미래라 한 것은 미래의 삼세이니, 즉 미래에 과거·현재·미래가 있는 것이다. 이상은 우납의 해석이다.

200 두 번째는 과거를 스스로 서로서로 바라봄에 또한 삼세가 있다고 한 것은, 즉 과거에 과거·현재·미래가 있는 것이다. 역시 우납의 해석이다.

크게 환희함을 낸 것은 경계가 수승한 까닭이며,
자기의 복덕을 경사롭게 여긴 까닭이다.

經

普稱滿音天王은 得能令佛色身으로 最淸淨廣大케하야 世無能比하는 解脫門하며

보칭만음 천왕은 능히 부처님의 색신으로 하여금 가장 청정하고 광대하게 하여 세간에 능히 비교할 데가 없는 해탈문을 얻었으며

疏

二에 能令等者는 然이나 佛身은 無染淨大小하며 亦無勝劣이나 猶若虛空에 雲屯卽闇하고 日朗卽明하며 色昏卽劣하고 物隔言小이라하니라 今妄雲盡하고 而智光照故로 淸淨이요 性空現故로 廣大요 妙色顯故로 無比요 皆解脫力故로 曰能令이라하니라

두 번째 능히 부처님의 색신으로 하여금 가장 청정하고 광대하게 한다고 한 등은, 그러나 부처님의 몸은 오염되거나 청정하거나 크거나 작음이 없으며
또한 수승하거나 하열함이 없지만, 비유하자면 만약 허공에 구름이 모이면 곧 어둡다 하고, 태양이 밝으면 곧 밝다 하며,
색이 흐리면 곧 하열하다 하고, 사물이 막으면 곧 작다고 말하는 것과 같다.
지금에는 허망한 구름이 다하고 지혜의 광명이 비치는 까닭으로 청정하다 하고,

자성의 허공이 나타나는 까닭으로 광대하다 하고, 묘한 색신이 나타나는 까닭으로 비교할 데가 없다 하고, 다 해탈의 힘인 까닭으로 말하기를 능히 부처님의 색신으로 하여금 (能令)이라 하였다.

經

慈目寶髻天王은 得慈雲普覆하는 解脫門하며

자목보계 천왕은 자비의 구름이 널리 덮는 해탈문을 얻었으며

疏

三은 大慈는 不揀怨親이니 若雲無心而普覆니라

세 번째는 큰 자비는 원수와 친한 이를 가리지 않나니,
마치 구름이 무심코 널리 덮는 것과 같다.

經

寶光幢名稱天王은 得恒見佛이 於一切世主前에 現種種形相의 威德身하는 解脫門하며

보광당명칭 천왕은 항상 부처님이 일체 세주世主들 앞에 가지가지 형상의 위덕신威德身을 나타내심을 보는 해탈문을 얻었으며

疏

四에 恒見等者는 人天世主가 多恃威德故로 佛現超之하야 令其敬喜케하니라

네 번째 항상 본다고 한 등은 인간과 천상의 세주들이
다분히 위덕을 믿는 까닭으로
부처님이 그들보다 뛰어남을 나타내어
그들로 하여금 공경하고 환희케 하는 것이다.

經

發生喜樂髻天王은 得知一切衆生의 城邑宮殿이 從何福業生하는 解脫門하며

발생희락계 천왕은 일체중생의 성과 읍과 궁전이 무슨 복업으로 좇아 나왔는지를 아는 해탈문을 얻었으며

疏

五는 知其因果差別하야 使物勤修因果일새 並得名福이라

다섯 번째는 그 인과가 차별함을 알아서
중생으로 하여금 부지런히 인과를 닦게 하기에
아울러 복업(福)이라 이름함을 얻는[201] 것이다.

---

201 아울러 복업이라 이름함을 얻는다고 한 것은, 지금에 장행문인즉 복업이 원인에 속하고, 게송문인즉 복업이 과보에 속하기에 그런 까닭으로 여기에 인과를 아울러 복업이라 한다고 해석함이 있는 것이다. 이상은 『잡화기』의 말이다.

經

端正念天王은 得開示諸佛이 成熟衆生事하는 解脫門하며

단정염 천왕은 모든 부처님이 중생을 성숙케 하는 일을 열어 보이는 해탈문을 얻었으며

疏

六에 開示等者는 示佛調生하야 令菩薩倣習케하니라

여섯 번째 열어 보인다고 한 등은 부처님이 중생을 조복함을 보여서 보살로 하여금 본받아 닦아 익히게 하는 것이다.

經

高勝音天王은 得知一切世間의 成壞劫에 轉變相하는 解脫門하며

고승음 천왕은 일체 세간의 이루어지고 무너지는 세월(成劫, 壞劫)에 전전히 변화하는 모습을 아는 해탈문을 얻었으며

疏

七은 初成後壞와 住時轉變으로 乃至毛孔細刹을 皆悉知之니라 言轉變者는 福人出世하면 則琳琅現矣하고 薄福者出하면 則荊棘生焉이라

일곱 번째는 처음 이루어질 때와 뒤에 무너질 때와 중간에 머무를 때에 전전히 변화함으로 내지 털구멍에 작은 국토를 모두 다 아는 것이다.
전전히 변화한다고 말한 것은 복인福人이 세상에 출현하면 곧 옥(琳琅)이 나타나고
박복한 사람이 출현하면 곧 가시(荊棘)가 생겨나는 것이다.

經

成就念天王은 得憶念當來菩薩이 調伏衆生行하는 解脫門하며

성취념 천왕은 당래에 보살이 중생을 조복하는 행을 기억하여 생각하는 해탈문을 얻었으며

疏

八에 憶念等者는 佛毛에 現因調行을 天憶하면 則能思齊니라

여덟 번째 기억하여 생각한다고 한 등은 부처님이 털구멍에서 인행 시에 조복한 행[202]을 나타내는 것을 하늘이 기억하면 곧 능히 같아지기를 생각[203]할 것이다.

---

202 인행시에 조복한 행이라고 한 것은, 게송에서는 일체 불자의 보살행이라 하였다.
203 같아지기를 생각한다고 한 것은, 부처님과 같아지기를 생각한다는 것이다.

㉮

淨華光天王은 得了知一切諸天의 快樂因하는 解脫門하며

정화광 천왕은 일체 모든 하늘이 쾌락하는 원인을 요달하여 아는 해탈문을 얻었으며

㉯

九에 一切諸樂은 以佛爲因이니 具勝德故요 就樂增勝일새 說諸天耳니라

아홉 번째 일체 모든 쾌락은 부처님으로써 원인이 되나니 수승한 공덕을 갖춘 까닭이요,
그 쾌락이 더욱 수승함에 나아가기에 모든 하늘의 쾌락을 설하였을 뿐이다.

> 經

智日眼天王은 得開示一切諸天子의 受生善根하야 俾無癡惑케 하는 解脫門하며

지일안 천왕은 일체 모든 천자가 생生을 받는 선근을 열어 보여 하여금 어리석음의 미혹을 없애게 하는 해탈문을 얻었으며

> 疏

十에 開示等者는 受生善根은 卽念佛力이니 開示하야 令不迷惑하면 則去放逸하고 而進修하니라

열 번째 열어 보인다고 한 등은 생을 받는 선근은 곧 염불의 힘이니, 열어 보여서[204] 하여금 미혹하지 않게 하면 곧 방일을 보내고 나아가 수행할 것이다.

---

[204] 열어 보인다고 한 것은, 생을 받는 선근을 열어 보인다는 뜻이다.

> 經

自在光明天王은 得開悟一切諸天衆하야 令永斷種種疑케하는 解脫門하니라

자재광명 천왕은 일체 모든 하늘 대중을 열어 깨닫게 하여 하여금 영원히 가지가지 의심을 끊게 하는 해탈문을 얻었습니다.

> 疏

十一은 疑自疑他하고 疑理疑事호미 有多種種하니 如聞空하면 疑斷하며 聞有하면 疑常하며 聞雙是하면 則疑其兩分하며 聞雙非하면 疑無所據니라 又聞空하면 疑有하며 聞有하면 疑空等의 互相疑也니 今開之使悟케하니라

열한 번째는 자기를 의심하고 타인을 의심하고 진리(理)를 의심하고 사실(事)을 의심하는 것이 여러 가지가 있나니
마치 공(空)하다고 함을 들으면 단멸인가 의심하며,
있다고 함을 들으면 영원한가 의심하며,
둘 다 옳다고 함을 들으면 곧 그 둘을 다 의심하며,
둘 다 그르다고 함을 들으면 의거할 바가 없는가 하고 의심하는 것과 같다.
또 공하다고 함을 들으면 있음을 의심하며,
있다고 함을 들으면 공을 의심하는 등 서로 서로 의심하는 것이니,

지금에는 그것을 열어 보여 하여금 깨닫게 하는 것이다.

鈔

疑自疑他等者는 然이나 疑有二하니 一은 通相說이니 於諸諦理에 猶豫로 爲性하고 能障不疑善品으로 爲業이라 二者는 五蓋中疑니 略有三種하니라 一은 疑自니 謂己不能入理요 二는 疑師니 謂彼不能善敎요 三은 疑法이니 謂於所學에 爲令出離아 爲不出離아호미 如有病人이 疑自疑醫疑藥하야 病終不愈하니라 今言疑自疑他하고 疑理疑事는 卽五蓋中之三種也니 合其事理라 皆所疑法이니 通相說也니라 如聞空하면 疑斷者는 略示疑理事之相이니 亦通一切疑也니라 疏有二勢하니 一은 當句生疑니 謂聞空하면 疑斷等은 不了眞空하야 將謂斷滅等이라 二에 又聞空하면 疑有者는 卽空有互疑요 而云等者는 等取聞雙是하면 則疑雙非하며 聞雙非하면 則疑兩是니 今開之는 可思니라

자기를 의심하고 타인을 의심한다고 한 등은, 그러나 의심에 두 가지가 있나니

첫 번째는 통상通相으로 설한[205] 것이니

모든 진리[206]에 유예猶豫함으로 자성을 삼고, 능히 의심하지 아니할

---

205 통상通相으로 설한다고 한 것은, 말하자면 의심하는 가운데 수많은 뜻을 나누지 않고 다만 그 자성의 업이라고 통상으로 설하는 까닭이요, 제 두 번째 뜻은 이미 수많은 의심을 나누었기에 이에 별상別相으로 설하는 것이다. 역시 『잡화기』의 말이다.

206 모든 진리(諸諦)란, 이제二諦·삼제三諦 등이다.

선품善品을 장애함으로 업을 삼는 것이다.
두 번째는 오개五蓋[207] 가운데 의심이니
간략하게 세 가지가 있다.[208]
첫 번째는 자기를 의심하는 것이니
말하자면 자기가 능히 진리에 들어가지 못한 것이 아닌가 하는 것이요,
두 번째는 스승을 의심하는 것이니
말하자면[209] 저 스승이 능히 잘 가르치지 못하는 것이 아닌가 하는 것이요,
세 번째는 진리(法)를 의심하는 것이니
말하자면 배우는 바 진리에 하여금 벗어나게 할까, 벗어나게 못할까 하는 것이 마치 어떤 병든 사람이 자기를 의심하고 의사를 의심하고 약을 의심하여 병이 마침내 낫지 않는 것과 같다.
지금에 자기를 의심하고 타인을 의심하고 진리(理)를 의심하고 사실(事)을 의심한다고 말한 것은 곧 오개 가운데 세 가지[210]이니

---

207 오개五蓋는 별상別相으로 설한 것이니 탐·진·수면·도회掉悔·의疑이다.『잡화기』도 이와 같이 말하였다.
208 간략하게 세 가지가 있다고 한 것은, 그 뜻에 말하기를 오개의 의심 가운데 세 가지가 있다는 것이다. 역시『잡화기』의 말이다.
209 爲는 謂(위) 자가 좋다.
210 오개 가운데 세 가지라고 한 것은, 오개 가운데 의개疑蓋에 세 가지가 있나니 一은 자기를 의심하고, 二는 타인을 의심하고, 三은 사실과 진리를 의심하는 것이다. 二는 즉 스승을 의심하는 것이고, 三은 즉 진리(法)를 의심하는 것이다.

그 사실(事)과 진리(理)를 합한 것이다.
모두 다 의심할 바 법이니
통상으로 설한[211] 것이다.

마치 공하다고 함을 들으면 단멸인가 의심한다고 한 것은 간략하게
진리(理)와 사실(事)을 의심하는 모습(相)을 보인 것이니,
또한 일체 의심에 통하는 것이다.
소문(疏)에 두 가지 문세文勢가 있나니
첫 번째는 당구當句에 의심을 내는 것이니,
말하자면 공하다고 함을 들으면 단멸인가 의심한다는 등은 진공을
알지 못하여 장차 단멸이라 말하는 등[212]이다.
두 번째 또 공하다고 함을 들으면 있음을 의심한다고 한 것은 곧
공空과 유有를 서로 의심하는 것이요,
등等이라고 말한 것은 둘 다 옳다고 함을 들으면 곧 둘 다 그를
것이라 의심하며,[213] 둘 다 그르다고 함을 들으면 곧 둘 다 옳을
것이라 의심함을 등취等取한 것이니,

---

211 통상으로 설한 것이라고 한 것은, 말하자면 의심할 바 법 가운데 나아가 스스로 수많은 뜻이 있거늘 지금에는 이미 다만 의심할 바 법으로써 통상을 삼는다 말하였으니, 곧 앞에서 이름한 바 통상과는 다른 것이다. 역시 『잡화기』의 말이다.

212 등이란, 무기공無記空, 낙공落空이다.

213 소문에는 문쌍시聞雙是하면 즉의기양분則疑其兩分하며 문쌍비聞雙非하면 의무소거疑無所據라 하여 兩分이라는 말이 앞에 있다.

지금에[214] 그것을 열어 보인 것은 가히 생각해 볼 것이다.

更略示其義리니 謂聞空하면 莫疑斷하라 是卽事之空이니 非斷滅故니라 聞有하면 莫疑常하라 非定性有니 從緣有故니라 聞雙是하면 莫疑兩分하라 但雙照二諦하면 無二體故니라 聞雙非하면 莫疑無據하라 以但遮過하야 令不著故니라 又聞空하면 莫疑於有하라 是卽有之空故니라 聞有하면 莫疑於空하라 是卽空之有故니라 聞雙是하면 莫疑雙非하라 是卽非有無가 爲有無故니라 聞雙非하면 莫疑雙是하라 是卽有無가 方是非有無故니라

다시 간략하게 그 뜻을 열어 보이리니,
말하자면 공하다고 함을 들으면 단멸인가 의심하지 마라.
이것은 사실(事)에 즉한 공空이니
단멸이 아닌 까닭이다.
있다고 함을 들으면 영원한가 의심하지 마라.
결정코 자성이 있는 것이 아니니
인연을 좇아 있는 까닭이다.
둘 다 옳다고 함을 들으면 둘 다 의심하지 마라.
다만 이제二諦[215]를 둘 다 비추기만 하면 두 가지 체성體性이 없는 까닭이다.

---

214 『잡화기』는 今開之는 吐니, 이것은 이 소문을 첩석한 것이다 하였다.
215 이제二諦는 진제와 속제이다.

둘 다 그르다고 함을 들으면 의거할 바가 없는가 의심하지 마라.
다만 허물을 막아서 하여금 집착하지 않게 하는 까닭이다.

또 공하다고 함을 들으면 있을 것이라 의심하지 마라.
이것은 유有에 즉한 공空인 까닭이다.
있다고 함을 들으면 공할 것이라 의심하지 마라.
이것은 공에 즉한 유有인 까닭이다.
둘 다 옳다고 함을 들으면 둘 다 그를 것이라 의심하지 마라.
이것은 곧 유有도 무無도 아닌 것이 유有도 무無도 되는 까닭이다.
둘 다 그르다고 함을 들으면 둘 다 옳을 것이라 의심하지 마라.
이것은 곧 유와 무가 바야흐로 유도 무도 아닌 까닭이다.

> 經

爾時에 **釋迦因陀羅天王**이 **承佛威力**하야 **普觀一切三十三天衆**하고 **而說頌言**호대

그때에 석가인다라 천왕[216]이 부처님의 위신력을 받아 널리 일체 삼십삼천의 대중을 관찰하고 게송을 설하여 말하기를

> 疏

偈中에도 **亦有十一**이라

게송 가운데도 역시 열한 게송이 있다.

---

216 석가인다라 천왕 이하는, 첫 번째 환희지에 속한다.

經

我念三世一切佛하니 　所有境界悉平等하며
如其國土壞與成을 　以佛威神皆得見이니다

내가 삼세의 일체 부처님을 생각하니
소유하신 경계가 다 평등하며
그와 같은 국토가 무너지고 그리고 이루어지는 것을
부처님의 위신력으로 다 봄을 얻었습니다.

疏

初中에 云平等者는 化儀同故라 又但以世俗의 文字數故로 說有 三世요 非謂如來의 有去來今이라

처음 게송 가운데 평등하다고 말한 것은 교화하는 의식이 같은 까닭이다.
또 다만 세속의 문자文字로써 헤아린 까닭으로 삼세가 있다고 말하였을 뿐 여래가 과거·미래·현금이 있다고 말한 것은 아니다.

鈔

又但以世俗下는 卽淨名第二이니 唯改菩提하야 爲如來耳니라

또 다만 세속의 문자라고 한 아래는 곧 『정명경』 제이권이니, 오직 보리菩提만을 고쳐서²¹⁷ 여래라고 하였을 뿐이다.

---

217 오직 보리菩提만을 고쳤다고 한 등은, 『정명경』 제이권에는 여래가 과거·미래·현금이 있다 하지 않고 보리가 과거·미래·현금이 있다고 하였다는 것이다.

經

佛身廣大遍十方하며　　妙色無比利群生하며
光明照耀靡不及하시니　此道普稱能觀見이니다

부처님의 몸은 광대하여 시방에 두루하며
묘한 색신은 비교할 데 없고 중생을 이익케 하며
광명은 비치어 미치지 아니함이 없으시니
이 도道는 보칭만음 천왕이 능히 보았습니다.

疏

二中에 初句는 廣大요 次句는 無比요 次句는 淸淨이라 然이나 古德이 明通有六義하니 一은 廣이니 謂總法界爲身故요 二는 遍이니 全遍一塵하야 至十方故요 三은 妙이니 色卽無色으로 無色之色故요 四는 勝이니 無有比故요 五는 益이니 利物無涯故요 六은 用이니 光破闇故니라

두 번째 게송 가운데 처음 구절은 위에 광대하다고 한 것이요,
다음 구절은 위에 비교할 데가 없다고 한 것이요,
다음 구절은 위에 청정하다고 한 것이다.
그러나 고덕古德이 통상通相으로 여섯 가지 뜻이 있다고 밝혔으니
첫 번째는 넓은(廣) 것이니
말하자면 모든 법계로 몸을 삼는 까닭이요,

두 번째는 두루한(遍) 것이니
온전히 한 티끌에 두루하여 시방에 이르는 까닭이요,
세 번째는 묘한(妙) 것이니
색이 곧 무색無色으로 무색無色의 색인 까닭이요,
네 번째는 수승한(勝) 것이니
비교할 데가 없는 까닭이요,
다섯 번째는 이익케 하는(益) 것이니
중생을 이익케 하길 끝없이 하는 까닭이요,
여섯 번째는 작용(用)이니
빛으로 어둠을 깨뜨리는 까닭이다.

經

如來方便大慈海는　　往劫修行極淸淨하며
化導衆生無有邊하시니　寶髻天王斯悟了니이다

여래의 방편과 큰 자비의 바다는
지나간 세월에 수행으로 지극히 청정하며
중생을 교화하여 인도하는 것이 끝이 없으시니
자목보계 천왕이 이것을 깨달아 알았습니다.

疏

三中에 前半은 卽慈雲이니 上句는 果大요 下句는 因深이라 一切佛法은 依慈悲하고 慈悲는 又依方便立하니 俱稱深廣일새 故致海言이라 次句는 卽普覆也니라

세 번째 게송 가운데 앞에 반은 곧 위에 자비의 구름이라고 한 것이니
위의 구절은 과보(果)가 큰 것이요,
아래 구절은 원인(因)이 깊은 것이다.
일체 불법은 자비를 의지하고 자비는 또 방편을 의지하여 성립하나니
함께 깊고도 넓다고 부르기에 그런 까닭으로 바다라는 이름을 이루는 것이다.

다음 구절[218]은 곧 위에 널리 덮었다고 한 것이다.

---

[218] 다음 구절은 제삼구이다.

經

我念法王功德海호니　世中最上無與等하며
發生廣大歡喜心케하시니　此寶光天之解脫이니다

佛知衆生善業海에　種種勝因生大福하고
皆令顯現無有餘하시니　此喜髻天之所見이니다

諸佛出現於十方하고　普遍一切世間中하사
觀衆生心示調伏하시니　正念天王悟斯道니이다

如來智身廣大眼은　世界微塵無不見하며
如是普遍於十方하시니　此雲音天之解脫이니다

一切佛子菩提行을　如來悉現毛孔中하며
如其無量皆具足하시니　此念天王所明見이니다

世間所有安樂事는　一切皆由佛出生하며
如來功德勝無等하나니　此解脫處華王入이니다

내가 법왕의 공덕 바다를 생각하니
세간 가운데 가장 높아 더불어 같을 이가 없으며
광대한 환희심을 발생케 하시니

이것은 보광당명칭 천왕의 해탈입니다.

부처님은 중생의 선업의 바다에
가지가지 수승한 인연으로 큰 복이 나온 줄 알고
다 하여금 남김없이 나타내시니
이것은 발생희락계 천왕이 본 바입니다.

모든 부처님이 시방에 출현하시고
널리 일체 세간[219] 가운데 두루하여
중생의 마음을 관찰하고 조복함을 보이시니
단정염 천왕이 이 도를 깨달았습니다.

여래의 지혜의 몸에 광대한 눈은
세계에 작은 티끌조차 보지 아니함이 없으며
이와 같이 널리 시방에 두루하시니
이것은 고운음[220] 천왕의 해탈입니다.

일체 불자의 보리행을
여래가 다 털구멍 가운데 나타내시며
그와 같이 한량없이 다 구족하시니

---

219 일체 세간이란, 세 가지 세간이니, 기세간·중생세간·지정각세간이다.
220 운음雲音이라 한 운雲 자는 장행문에는 승勝 자로 승음勝音(고승음高勝音)이라 하였다.

이것은 성취염 천왕이 분명하게 보는 바입니다.

세간에 있는 바 안락한 일들은
일체가 다 부처님을 인유하여 출생하며
여래의 공덕은 수승하여 같을 이가 없나니
이 해탈의 처소에는 정화광 천왕이 들어갔습니다.

疏

次六은 可知라

다음에 여섯 게송은 가히 알 수가 있을 것이다.

> 經

若念如來少功德거나　　乃至一念心專仰하면
諸惡道怖悉永除하리니　智眼於此能深悟니이다

만약 여래의 적은 공덕이라도 생각하거나
내지 한 생각이라도 마음을 오로지 하여 우러러보면
모든 악도의 두려움이 다 영원히 제멸되리니
지일안 천왕이 여기에 능히 깊게 깨달아 들어갔습니다.

> 疏

十中에 初二句는 卽前善根이라 少功德者는 以少況多하야 彰因爲勝이라 次句는 卽人天受生故로 離三惡怖니라

열 번째 게송 가운데 처음에 두 구절은 곧 앞에 선근이라고 한 것이다. 적은 공덕이라고 한 것은 적은 공덕으로써 많은 공덕에 비황比況하여 원인이 수승함이 됨을 밝힌 것이다.[221]
다음 구절은 곧 인간과 천상에 생을 받는 까닭으로 삼악도의 두려움에서 떠나는 것이다.

---

221 원인이 수승함이 됨을 밝힌 것이라고 한 것은, 염불念佛하는 원인이 수승한 까닭으로 작은 공덕을 생각하는 것도 능히 악도惡道를 떠나게 하거든, 하물며 수많은 공덕을 생각하게 하는 것이야 말할 것이 있겠는가. 그 원인은 부처님의 공덕을 생각하는 원인을 말한다.

經

寂滅法中大神通으로　　普應群心靡不周하야
所有疑惑皆令斷케하시니　此光明王之所得이니다

적멸법 가운데 큰 신통으로
널리 중생의 마음에 응하여 두루하지 아니함이 없어서
있는 바 의혹을 다 하여금 끊게 하시니
이것은 자재광명 천왕이 얻은 바입니다.

疏

十一中에 初句는 卽能開之法이니 是寂滅智通이요 次二句는 由普應故로 疑皆斷也니라

열한 번째 게송 가운데 처음 구절은 곧 능히 열어 보이는 법이니 이것은 적멸 가운데 지혜와 신통이요,
다음에 두 구절은 널리 응함을 인유한 까닭으로 의혹을 다 끊게 하는 것이다.

경

復次 日天子는 得淨光으로 普照十方衆生하야 盡未來劫토록 常
爲利益케하는 解脫門하며

다시 일천자²²²는 청정한 광명으로 널리 시방의 중생을 비추어
미래의 세월이 다하도록 항상 이익케 하는 해탈문을 얻었으며

疏

第六은 日天이라 長行十一法이니 旣爲日天인댄 多辯光益이라 初
一은 名及法門이 皆是總也니 謂佛身智光이 猶如彼日하야 無私
而照일새 是曰淨光이라하니 此光體也니라 次辯光用이니 略有四
義라 一은 約心이니 高下齊明일새 故名普照요 二는 約處니 則窮十
方界요 三은 約時니 盡於未來요 四는 約功用이니 常無間斷이라
如斯利益이 卽大智之功이니라

제 여섯 번째는 일천자(日天)이다.
장행문에 열한 법이 있나니,
이미 일천日天이라고 하였다면 다분히 광명의 이익을 분별한 것이다.
처음에 한 가지는 이름과 그리고 법문이²²³ 다 이 총칭總稱²²⁴이니,

---

222 일천자 이하는 열 번째 법계무량회향에 속한다.
223 이름이란 일천자이고, 법문이란 해탈문이다.
224 여기에 총總은 총칭總稱이니, 아래 영인본 화엄 2책, p.851, 6행 월천자

말하자면 부처님의 신광身光과 지광智光이 비유하자면 저 태양과 같아서 사심 없이 비추기에 이것을 일러 청정한 광명이라 하는 것이니,
이것은 광명의 자체이다.
다음에 열 가지는 광명의 작용을 분별한 것이니,
간략하게 네 가지 뜻이 있다.
첫 번째는 마음을 잡은 것이니
높고 낮음에 똑같이 밝히기에 그런 까닭으로 이름을 널리 비춘다(普照) 한 것이요,
두 번째는 처소를 잡은 것이니
곧 시방세계가 다하도록 하는 것이요,
세 번째는 처소를 잡은 것이니
미래의 세월이 다하도록 하는 것이요,
네 번째는 공덕의 작용을 잡은 것이니
항상 간단없이 하는 것이다.
이와 같이 이익케 하는 것이 곧 큰 지혜인의 공덕인 것이다.

소문에는 총칭이라 하였다.

> 經

光焰眼天子는 得以一切隨類身으로 開悟衆生하야 令入智慧海케하는 解脫門하며

광염안 천자는 일체 유형을 따르는 몸으로써 중생을 열어 깨닫게 하여 하여금 지혜의 바다에 들어가게 하는 해탈문을 얻었으며

> 疏

二에 以一切等者는 衆生本有佛智호미 如海潛流하나니 今佛이 以隨彼彼類身으로 設種種方便은 務在開悟하야 令其證入케하나니라

두 번째 일체 유형을 따르는 몸이라고 한 등은 중생이 본래부터 부처님의 지혜를 갖추고 있는 것이 마치 바다가 흐름을 잠재하고 있는[225] 것과 같나니,
지금에 부처님이 저기 저 유형을 따르는 몸으로써 가지가지 방편을 시설한 것은 그 의무가 열어 깨닫게 하여 그들로 하여금 증득하여 들어가게 함에 있는 것이다.

---

[225] 바다가 흐름을 잠재하고 있다고 한 것은, 바다는 보이지 않지만 안으로 계속 흐르고 있다는 뜻이다.

> 經

須彌光歡喜幢天子는 得爲一切衆生主하야 令勤修無邊淨功德케하는 解脫門하며

수미광환희당 천자는 일체중생의 주인이 되어 하여금 끝없는 청정한 공덕을 부지런히 닦게 하는 해탈문을 얻었으며

> 疏

三은 衆生愛染일새 漂泊無依요 佛德無礙일새 應爲其主라 隨修絶染을 名淨功德이요 一行契理를 卽曰無邊거니 況其具修耶아

세 번째는 중생은 애욕에 물들었기에 표류하여 의지할 데가 없고, 부처님의 공덕은 걸림이 없기에 응당 그들의 주인이 되는 것이다. 수행함을 따라 애욕에 물듦을 끊는 것을 이름하여 청정한 공덕이라 하고,
한 가지 수행으로도 진리에 계합하는 것을 곧 말하여 끝이 없다 하였거니 하물며 그 모두를 갖추어 수행하는 것이겠는가.

㉥

淨寶月天子는 得修一切苦行하야 深心歡喜하는 解脫門하며

정보월 천자는 일체 고행을 닦아 깊은 마음으로 환희하는 해탈문을 얻었으며

㉥

四에 修一切等者는 以智導悲하야 爲物受苦일새 故深歡喜니라

네 번째 일체 고행을 닦는다고 한 등은 지혜로써 자비를 이끌어 중생을 위하여 고통을 받기에 그런 까닭으로 깊은 마음으로 환희한다 하였다.

經

勇猛不退轉天子는 得無礙光普照하야 令一切衆生으로 益其精爽케하는 解脫門하며

용맹불퇴전 천자는 걸림 없는 광명으로 널리 비추어 일체중생으로 하여금 그 정상精爽[226]을 증익增益케 하는 해탈문을 얻었으며

疏

五는 謂體離障惑하야 用而遂通일새 故云無礙요 若身若智를 俱得稱光이요 周而不偏일새 故云普照요 身心明利를 是益精爽이라하니 爽은 明也라 大集經云호대 國王護法인댄 增長三種精氣니 一은 地精氣니 謂五穀豐熟이요 二는 衆生精氣니 謂形貌端嚴하고 無諸疾疫이요 三은 善法精氣니 謂修施戒信等이라하니라 今文은 正在第三이니 益其福智요 義兼前二니 法力遠資故니라

다섯 번째는 말하자면 자체가 번뇌(障)의 미혹을 떠나 작용함에 드디어 통하기에 그런 까닭으로 말하기를 걸림이 없다 하였고, 혹 몸(身)과 혹 지혜(智)를 함께 광명(光)이라 이름함을 얻고, 두루하지만 치우치지 않기에 그런 까닭으로 말하기를 널리 비춘다 하였고,

---

226 정상精爽은 정기精氣, 정혼精魂을 말한다. 爽은 밝을 상이다.

몸과 마음을 밝고 예리하게 하는 것을 이것을 정상을 증익케 하는 것이다 하였으니
상爽은 밝다(明)는 뜻이다.
『대집경』에 말하기를 국왕이 법을 수호하려 한다면 세 가지 정기精氣를 증장해야 하나니,
첫 번째는 지정기地精氣이니
말하자면 오곡五穀이 풍성하게 익어야 하는 것이요,
두 번째는 중생정기衆生精氣이니
말하자면 형상과 모습이 단엄하고 모든 질병이 없어야 하는 것이요,
세 번째는 선법정기善法精氣이니
말하자면 보시·지계·믿음 등을 수행해야 하는 것이다 하였다.
지금에 문장은 바로 제 세 번째에 있나니
그 복덕과 지혜를 증익케 하는 것이요,
뜻으로는 앞의 두 가지도 겸하였나니
법력으로 멀리까지 돕게(資益) 하는 까닭이다.

經

妙華纓光明天子는 得淨光普照衆生身하야 令生歡喜信解海케 하는 解脫門하며

묘화영광명 천자는 청정한 광명으로 널리 중생의 몸을 비추어 하여금 환희로 믿고 아는 마음의 바다를 내게 하는 해탈문을 얻었으며

疏

六에 淨光等者는 身智二光으로 淨物身心하야 信解深廣하나니 于何不喜리요

여섯 번째 청정한 광명이라고 한 등은 몸(身)과 지혜(智)의 두 광명으로 중생의 몸과 마음을 청정하게 하여 믿고 아는 마음의 바다를 깊고도 광대하게 하나니 어찌 기쁘지 않겠는가.

> 經

最勝幢光明天子는 得光明普照一切世間하야 令成辦種種妙功德케하는 解脫門하며

최승당광명 천자는 광명으로 널리 일체 세간을 비추어 하여금 가지가지 묘한 공덕을 이루어 갖추게 하는 해탈문을 얻었으며

> 疏

七은 晝則勤心으로 修善業故니라

일곱 번째는 낮[227]이면 곧 부지런한 마음으로 선업을 닦게 하는[228] 까닭이다.

---

227 낮이라고 한 것은, 광명이 밝았으니 낮이다.
228 선업을 닦게 한다고 한 것은, 광명 천자가 중생들에게 선업을 닦게 한다는 것이다.

> 經

寶髻普光明天子는 得大悲海에 現無邊境界의 種種色相寶하는 解脫門하며

보계보광명 천자는 대비의 바다에 끝없는 경계의 가지가지 색상의 보배를 나타내는 해탈문을 얻었으며

> 疏

八에 大悲海等者는 謂無緣大悲로 坐於道樹하야 出多奇寶故니라 色相寶者는 應言寶色相이니 圓明可貴故며 以寶爲體하고 寶莊嚴故니라 具十蓮華藏일새 故云種種이요 一一色相이 用周法界일새 名現無邊境이라하니라 如是는 皆從大悲海流하나니 悲海包納하야 不揀賢愚故니라

여덟 번째 대비의 바다라고 한 등은, 말하자면 무연無緣의 대비로 보리도의 나무(道樹) 아래에 앉아 수많은 신기한 보배를 나타내는 까닭이다.
색상의 보배라고 한 것은 응당 보배의 색상이라고 말해야 할 것이니, 원만하고 밝아 가히 귀貴한 까닭이며
보배로 자체가 되고 보배로 장엄한 까닭이다.
열 가지 연화장 세계의 티끌 수를 갖추었기에 그런 까닭으로 말하기를 가지가지(種種)라 하였고,

낱낱 색상의 작용이 법계에 두루하기에 이름을 끝없는 경계의 색상을 나타낸다고 하였다.
이와 같은 것은 다 대비의 바다로 좇아 유출하였나니,
대비의 바다는 포용하고 받아들여 어질고 어리석음을 가리지 않는[229] 까닭이다.

---

[229] 어질고 어리석음을 가리지 않는다고 한 것은, 아래 게송에 말하기를 도를 행하지 않는 사람으로 하여금이라고 한 등은 이것은 어질고 어리석음을 가리지 않는다는 것이다. 영인본 화엄 2책, p.849, 9행에 있다.

經

光明眼天子는 得淨治一切衆生眼하야 令見法界藏케하는 解脫門하며

광명안[230] 천자는 일체중생의 눈을 맑게 치료하여 하여금 법계의 창고를 보게 하는 해탈문을 얻었으며

疏

九는 慧除癡翳하면 法眼則淨하야 淨見法界리라 法界卽藏이니 藏如前說하니라

아홉 번째는 지혜로 어리석음의 가리움을 제거하면 법안法眼이 곧 청정하여 법계를 청정하게 볼 것이다.
법계는 곧 창고이니, 창고(藏)의 뜻은 앞에서 설한 것과 같다.

---

230 광명안은 아래 게송에는 다만 선목善目이라고만 하였다.

經

持德天子는 得發生淸淨相續心하야 令不失壞케하는 解脫門이며

지덕 천자는 청정하게 상속하는 마음을 발생하여 하여금 잃거나 무너지지 않게 하는 해탈문을 얻었으며

疏

十에 發生等者는 謂於佛所에 發生淸淨心하야 曾一供養이라도 能令其福으로 續至菩提故니 如出現品의 食金剛喩라 況相續耶아

열 번째 청정하게 상속하는 마음을 발생한다고 한 등은, 말하자면 부처님의 처소에서 청정한 마음을 발생하여 일찍이 한 번만 공양할지라도 능히 그 복으로 하여금 상속하여 보리에 이르게 하는 까닭이니,

출현품에 금강을 먹는다는 비유(出現品食金剛喩)[231]와 같다.

---

[231] 출현품에 금강을 먹는다는 비유란, 여래출현품 제37의 3이니 출현품 말미에서 7장 앞에 있다. 교림,『화엄경』4책, p.65, 2행이다. 그 내용은 이렇다. 불자야 비유하자면 한 장부가 작은 금강金剛을 먹을지라도 끝내 소화가 되지 않고 그 몸을 뚫고 나와 몸 밖에 있나니 운운. 저 여래의 처소에 작은 선근을 심는 것도 또한 다시 이와 같아서 일체 유위의 제행諸行 번뇌의 몸을 뚫고 지나 저 무위의 구경 지혜의 처소에 이른다 하였다. 측자권昃字卷 상권, 영인본 화엄 3책, p.15, 9행에도 이와 유사한 이야기가 있다. 즉『열반경』26권에 여래의 처소에서 적은 선근을 심을지라도 금강을 먹은

하물며 상속해서 공양하는 것이겠는가.

것과 같아서 반드시 열반에 이르게 될 것이다 하였다.

經

普運行光明天子는 得普運日宮殿하야 照十方一切衆生하야 令成就所作業케하는 解脫門하니라

보운행광명 천자는 널리 태양의 궁전을 운행하여 시방의 일체중생을 비추어 하여금 지을 바 업을 성취케 하는 해탈문을 얻었습니다.

疏

十一은 使物居業이 莫越日光거든 令人進德이 寧過法義아

열한 번째는 중생으로 하여금 업에 거처하게 하는 것이 태양의 광명을 넘을 수 없거든,
사람으로 하여금 공덕에 나아가게 하는 것이 어찌 진리의 뜻을 지나겠는가.

經

爾時에 日天子가 承佛威力하야 遍觀一切日天子衆하고 而說頌言호대

그때에 일천자가 부처님의 위신력을 받아 널리 일체 일천자의 대중을 관찰하고 게송을 설하여 말하기를

疏

偈中에도 亦有十一이라

게송 가운데도 역시 열한 게송이 있다.

經

如來廣大智慧光으로　普照十方諸國土하시니
一切衆生咸見佛이　種種調伏多方便이니다

여래가 광대한 지혜의 광명으로
널리 시방의 모든 국토를 비추시니
일체중생이 다 부처님이
가지가지로 조복하는 수많은 방편을 봅니다.

疏

初中에 前半은 淨光普照요 後半은 常爲利益이라 滅惡生善하고
破愚爲智等은 爲多方便이라

처음 게송 가운데 앞에 반은 위에[232] 청정한 광명(淨光)으로 널리
비춘다고 한 것이요,
뒤에 반은 위에 항상 이익케 한다고 한 것이다.
악을 제멸하여 선을 발생하고 어리석음을 깨뜨려 지혜를 삼는 등은
수많은 방편이 되는 것이다.

---

232 위에라고 한 것은, 장행문을 말하는 것이다.

經

如來色相無有邊하야　　隨其所樂悉現身하야
普爲世間開智海하시니　　焰眼如是觀於佛이니다

佛身無等無有比하며　　光明照耀遍十方하야
超過一切最無上하시니　　如是法門歡喜得이니다

여래의 색상은 끝이 없어서
그들이 좋아하는 바를 따라 다 몸을 나타내어
널리 세간을 위하여 지혜의 바다를 여시니
광염안 천자가 이와 같이 부처님을 관찰하였습니다.

부처님의 몸은 같을 이도 없고 비교할 이도 없으며
광명은 비추어 시방에 두루하여
일체를 뛰어 지나 최고로 더 이상 없으시니
이와 같은 법문은 수미광환희당 천자가 얻었습니다.

疏

二三은 可知라

두 번째와 세 번째 게송은 가히 알 수가 있을 것이다.

經

爲利世間修苦行하고　　往來諸有無量劫이나
光明遍淨如虛空하시니　　寶月能知此方便이니다

세간을 이익케 하기 위하여 고행을 닦고
삼계(諸有)에 왕래하기를 한량없는 세월토록 하셨지만
광명이 두루 청정한 것이 마치 허공과 같으시니
정보월 천자가 능히 이 방편을 알았습니다.

疏

四中에 前半은 卽一切苦行이라 此有四難하니 一은 背己利世難이요 二는 行相唯苦難이요 三은 處經諸有難이요 四는 時劫無量難이라 於此具行일새 故云一切라하니라 次句는 明深心歡喜니 亦有四義라 一은 爲物苦行은 滿本願故니 義在初句요 二는 智照苦性의 本空寂故니 卽有光明照空이요 三은 遍淨無染하야 非雜毒故니 卽遍淨如空이요 四는 自他有果하야 非無利故니 卽第三句全이라

네 번째 게송 가운데 앞에 반은 곧 위에 일체 고행이라고 한 것이다.
여기에 네 가지 고난이 있나니
첫 번째는 자기를 등지고 세간을 이익케 하는 고난이요,
두 번째는 수행하는 모습이 오직 고통뿐인 고난이요,
세 번째는 삼계(諸有)에 거처하여 다스리는[233] 고난이요,

네 번째는 세월(時劫)에 한량없이 하는 고난이다.
이런 고난을 갖추어서 수행하기에 그런 까닭으로 말하기를 일체[234]라고 하였다.
다음 구절은 위에 깊은 마음으로 환희한다고 한 것을 밝힌 것이니, 역시 네 가지 뜻[235]이 있다.
첫 번째는 중생을 위하여 고행을 하는 것은 본래의 서원을 만족하려는 까닭이니
그 뜻이 처음 구절에 있는 것이요,
두 번째는 지혜로 고통의 자성이 본래 공적空寂함을 비추는 까닭이니 곧 광명[236]이 있어서 허공을 비추는 것이요,
세 번째는 두루 청정하여[237] 물듦이 없어서 잡독雜毒하지 않는 까닭이니
곧 두루 청정한 것이 마치 허공과 같은 것이요.[238]

---

233 경經은 다스린다는 뜻이다.
234 일체는 위에서 일체 고행이라 하였다.
235 역시 네 가지 뜻이라고 한 것은, 장행문에는 오직 처음에 뜻만 있고 지금 게송에는 곧 이 네 가지 뜻을 갖추고 있다고 『잡화기』는 말한다.
236 광명은 제삼구에 광명이라 한 두 글자이다.
237 두루 청정하다고 한 등은, 말하자면 범부에 있어서는 그 받는 바 고통이 곧 이에 섞이어 물든 까닭으로 깊이 가히 근심하고 고뇌하지만, 만약 지금 부처님에 있어서는 자기는 고통을 떠났지만 다만 중생을 위하여 고통을 받나니, 이미 중생을 위하여 고통을 받았거니 어찌 잡독雜毒하지 않겠는가. 역시 『잡화기』의 말이다.
238 두루 청정한 것이 마치 허공과 같다고 한 것은 역시 제삼구이다.

네 번째는 자自·타他가 과보가 있어서²³⁹ 이익함이 없지 않는 까닭이니,

곧 제 세 번째 구절의 전체이다.

---

239 네 번째 자自·타他가 과보가 있다고 한 것은, 보살이 스스로 과보를 성취함을 얻으면 곧 교화 받을 바 중생이 이익을 얻는 까닭으로 저(他) 중생에게도 또한 과보가 있다는 것이다. 두 번째와 세 번째는 제삼구의 부분이고, 여기 제 네 번째는 제삼구의 전체이다. 따라서 제삼구의 전체라 한 것이다.

經

佛演妙音無障礙하사　　普遍十方諸國土하야
以法滋味益群生케하시니　勇猛能知此方便이니다

放光明網不思議하야　　普淨一切諸含識하야
悉使發生深信解케하시니　此華纓天所入門이니다

부처님이 묘음으로 걸림 없이 연설하여
널리 시방의 모든 국토에 두루하여
법의 자미滋味로써 중생을 이익케 하시니
용맹불퇴전 천자가 능히 이 방편을 알았습니다.

부처님이 광명의 그물을 사의할 수 없이 놓아
널리 일체 모든 중생(含識)을 청정케 하여
다 하여금 깊이 믿고 아는 마음을 발생케 하시니
이것은 묘화영광명 천자가 들어간 바 해탈문입니다.

疏

五六은 可知라 光網之義는 如賢首品하니라

다섯 번째와 여섯 번째 게송은 가히 알 수가 있을 것이다.
광명 그물의 뜻은 현수품과 같다.[240]

240 광명 그물의 뜻은 현수품과 같다고 한 것은, 현수품에 방대광명무유변放大光明無有邊하고 도탈중생역무한度脫衆生亦無限이라 하여 여기 여섯 번째 게송의 처음에 두 구절과 유사함을 보이고, 그 뒤로 한 장 지나서 우방광명又放光明, 우방광명又放光明이라 하여 계속 광명의 이야기를 그물처럼 말하고 있다. 교림, 『화엄경』 1책, p.461, 4행과 p.463, 2행 이하이다.

經

世間所有諸光明은　　不及佛一毛孔光하며
佛光如是不思議하나니　此勝幢光之解脫이니다

세간에 있는 바 모든 광명은
부처님의 한 털구멍 광명에도 미치지 못하며
부처님의 그 광명은 이와 같이 사의할 수 없나니
이것은 최승당광명 천자의 해탈입니다.

疏

七中에 通明이라 擧劣顯勝하야 以辯難思일새 故能成辦諸妙功德
이라 言世不及者는 世雖多光이나 益非究竟거니와 佛光雖少나 必
徹眞源하야 不可盡故니 以一況諸니라

일곱 번째 게송 가운데는 한꺼번에 밝힌 것이다.
하열함을 들어 수승함을 나타내어 사의하기 어려움을 가리기에
그런 까닭으로 위에 능히 모든 묘한 공덕을 이루어 갖춘다 한 것이다.
세간에 광명이 미치지 못한다고 말한 것은, 세간에 비록 광명이
많지만[241] 이익케[242] 함을 구경究竟까지 못하거니와

---

241 세간에 비록 광명이 많지만 운운한 것은, 장행문에는 광명으로 일체 세간을
비추어 묘한 공덕을 이루어 갖춘다 하였으니 곧 이익케 한다는 뜻을 법과
비유로 함께 말하고 있다 하겠다. 그러나 여기는 세간의 광명과 부처님의

부처님의 광명은 비록 적지만 반드시 참 근원(眞源)까지 사무쳐
가히 그 끝을 다할 수 없는 까닭이니,
한 광명으로써 모든 광명을 비황比況한 것이다.

　　광명을 분리 비교하고 있음을 알 수 있을 것이다.
242 원문에 익益 자를『잡화기』에는 개蓋 자의 잘못이라 하니 생각해 볼 것이다.
　　나는 익益 자로 해석하였다.

經

一切諸佛法如是하야　　悉坐菩提樹王下하야
令非道者住於道케하시니　　寶髻光明如是見이니다

衆生盲闇愚癡苦하니　　佛欲令其生淨眼코자하야
是故爲然智慧燈하시니　　善目於此深觀察이니다

解脫方便自在尊을　　若有曾見一供養인댄
悉使修行至於果케하시니　　此是德天方便力이니다

일체 모든 부처님은 법이 이와 같아서
다 보리수나무왕 아래에 앉아
도를 행하지 않는 사람[243]으로 하여금 도에 머물게 하시니
보계보광명 천자가 이와 같이 보았습니다.

중생이 눈이 멀고 어리석어 고통을 받나니
부처님이 그들로 하여금 청정한 눈을 내게 하고자
이런 까닭으로 지혜의 등을 켜시니
선목 천자[244]가 여기에 깊게 관찰하였습니다.

---

243 도를 행하지 않는 사람이라고 한 등은, 비도인非道者(邪道人)으로 하여금 정도正道(道)에 머물게 한다고 해석할 수도 있다.
244 선목 천자는 장행문에는 광명안光明眼 천자라 하였다.

해탈과 방편에 자재한 세존을
만약 어떤 사람이 일찍이 친견하고 한 번만이라도 공양한다면
다 하여금 수행하여 여래과如來果에 이르게 하시니
이것은 지덕 천자의 방편력입니다.

疏

八九與十은 文亦可知라

여덟 번째와 아홉 번째와 더불어 열 번째 게송은 그 문장을 또한 가히 알 수가 있을 것이다.

◯經

一法門中無量門을　無量千劫如是說하시니
所演法門廣大義를　普運光天之所了니이다

한 법문 가운데 한량없는 법문을
한량없는 천千의 세월에 이와 같이 연설하시니
연설한 바 법문의 광대한 뜻을
보운행광명 천자가 아는 바입니다.

◯疏

十一中에 初句는 卽能照法門이니 猶一日宮에 千光並照인달하야 隨擧一法하야 有無量門이라 然有二義하니 一은 約相類니 如一無常門에 有生老病死와 聚散合離와 得失成壞와 三災四相과 外器內身과 刹那一期와 生滅轉變과 染淨隱顯은 皆無常門이라 餘亦如是니라 二는 就性融이니 不可盡也라 次二句는 普運照義니 一日周天에 則日日無盡하고 一門歷事에 則劫劫難窮이니 方便多門이 終歸一極이니라 廣者無邊이요 大者는 無上이라

열한 번째 게송 가운데 처음 구절은 곧 능히 비치는 법문法門이니, 비유하자면 한 태양의 궁전에서 일천의 광명이 아울러 비치는 것과 같아서 한 법문을 거론함을 따라서 한량없는 법문이 있게 되는 것이다.

그러나 두 가지 뜻이 있나니
첫 번째는 모습(相)을 잡아 비류比類한 것이니,
마치 하나의 무상문에 생·노·병·사와 모이고 흩어짐과 합하고 떠남
과 얻고 잃음과 이루어지고 무너짐과 세 가지 재앙과 네 가지 모습[245]
과 밖의 세계와 안의 몸과 찰나와 일기一期와 생기고 사라짐과 전전轉
하여 가고 변하는 것과 더럽고 깨끗함과 숨고 나타남이 있는 것과
같은 것은 다 무상문無常門이다.
나머지[246]도 또한 이와 같다.
두 번째는 자성(性)에 나아가 융합한 것이니,
가히 다할 수 없는 것이다.
다음에 두 구절은 널리 태양을 운행하여 비추는 뜻이니,
한 태양이 하늘에 두루함에 곧 태양과 태양이 끝이 없고
한 문門을 지나 섭김에[247] 곧 세월과 세월(劫·劫)이 다하기 어렵나니,
방편의 수많은 문이 마침내 하나의 종극[248]에 돌아가는 것이다.
광廣이라고 한 것은 끝이 없다는 것이요,
대大라고 한 것은 더 이상 없다는 것이다.

---

245 원문에 사상四相이란, 아상·인상·중생상·수자상이다. 혹은 사대상四大相이
   니 지·수·화·풍이다.
246 나머지라고 한 것은 고苦와 공空과 무아無我를 말한다.
247 한 문門을 지나 섭긴다고 한 것은, 은연중에 선재의 구법 여정을 비견하여
   말하고 있다 하겠다.
248 하나의 종극이란, 하나의 진실인 종극을 말한다. 즉 수많은 방편이 끝내는
   하나의 진실에 돌아간다는 것이다.

經

復次 月天子는 得淨光普照法界하야 攝化衆生하는 解脫門하며

다시 월천자[249]는 청정한 광명으로 널리 법계를 비추어 중생을 섭수하여 교화하는 해탈문을 얻었으며

疏

第七은 月天이라 長行十法이니 初名法亦總이라 謂光有身智二殊하고 法界도 亦事理兩別이니 事는 卽機之身心과 及所依刹이라 身光은 照身令覺하고 照刹令淨하며 智光은 照心破癡하고 照理令顯이라 身智二光이 相卽하면 則所照四法도 亦融일새 以之稱普요 並除惑障일새 俱得淨名이라

제 일곱 번째는 월천자(月天)이다.
장행문에 십법이 있나니,
처음에는 이름과 법문이 또한 총칭[250]이다.
말하자면 광명에는 신身·지智의 두 광명(二光)이 다름이 있고,
법계에도 또한 사실(事)과 진리(理)의 둘이 다름이 있나니,
사실(事)은 곧 중생들의 몸과 마음과 그리고 의지할 바 극토이다.

---

249 월천자 이하는 제 아홉 번째 무박무착회향에 속한다.
250 또한 총칭이라 한 또(亦) 자는 영인본 화엄 2책, p.841, 말행에 이미 한 번 총칭이라 하였기에 또한이라 한 것이다.

신광身光은 몸을 비추어 하여금 깨닫게 하고 국토를 비추어 하여금 청정케 하며

지광智光은 마음을 비추어 어리석음을 깨뜨리게 하고 진리(理)를 비추어 하여금 나타나게 하는 것이다.

신·지의 두 광명이 서로 즉하면 곧 비추는 바 네 가지 법(四法)[251]도 또한 융합하기에 그로써 넓다(普)고 이름하는 것이요,

아울러 미혹의 번뇌(障)를 제멸하기에 함께 청정하다는 이름을 얻는 것이다.

---

[251] 네 가지 법(四法)이란, 신身과 찰刹과 심心과 이理이다.

> 經

華王髻光明天子는 得觀察一切衆生界하야 令普入無邊法케하는 解脫門하며

화왕계광명 천자는 일체중생의 세계를 관찰하여 하여금 널리 끝없는 법계에 들어가게 하는 해탈문을 얻었으며

> 疏

二에 觀察等者는 悲心普觀하야 授以多法하야 令入無邊法界하니라

두 번째 관찰한다고 한 등은 자비심으로 널리 관찰하여 수많은 법문을 주어서
하여금 끝없는 법계에 들어가게 하는 것이다.

> 經

衆妙淨光天子는 得了知一切衆生心海와 種種攀緣轉하는 解脫門하며

중묘정광 천자는 일체중생의 마음 바다[252]와 가지가지로 반연하여 전轉[253]하는 것을 요달하여 아는 해탈문을 얻었으며

> 疏

三은 衆生藏識을 皆名心海요 前七轉識을 名攀緣轉이니 轉은 謂轉生이요 亦流轉也라 緣境非一일새 立種種名이니 故經云호대 藏識海常住거늘 境界風所動으로 種種諸識浪이 騰躍而轉生이라하고 喻云호대 洪波鼓溟壑에 無有斷絕期라하니라 旣知機殊인댄 隨應授法이라

세 번째는 중생의 장식藏識을 다 이름하여 마음 바다(心海)라 하고,[254] 앞에 칠전식七轉識을 이름하여 반연하여 전한다 하나니,

---

[252] 중생의 마음 바다라 한 등은, 만약 법성종을 의거한다면 마음 바다와 吐이고, 법상종을 따른다면 마음 바다가 吐이다. 역시 『잡화기』의 말이다.
[253] 전轉이란 소문에 전생轉生, 유전流轉이라 하였다.
[254] 다 이름하여 마음 바다(心海)라 한다고 한 것은, 『잡화기』에 게송과 그리고 장행문에 다 마음 바다라는 말이 있는 까닭으로 지금 여기에서 합하여 말한 것이다 하였다.

전轉한다고 한 것은 말하자면 전생轉生이오 또한 유전流轉이다. 경계를 반연하는 것이 하나가 아니기에 가지가지라는 이름을 세웠으니,
그런 까닭으로 『능가경』에 말하기를[255]
장식藏識의 바다는 상주常住하거늘
경계의 바람이 동요하는 바로
가지가지 모든 식(諸識)의 파도가
뛰어올라 전전히 생겨난다 하고,
그 앞에 비유하여 말하기를 큰 물결이 바닷골[256]을 침에
끊어질 기약이 없는 것과 같다 하였다.
이미 근기가 다른 줄 알았다면 응함을 따라 법을 주는 것이다.

故經云호대 藏識海常住等者는 此疏義引이라 具云하면 譬如巨海浪

---

[255] 『능가경』 운운은 『대승입능가경』 제2권 집일체법품이니, 구체적으로 말하면 비유가 먼저 있다.
  비여거해랑譬如巨海浪이 사유맹풍기斯由猛風起하야 홍파고명학洪波鼓溟壑에 무유단절시無有斷絶時인달하야 장식해상藏識海常住어늘 경계풍소동境界風所動으로 종종제식랑種種諸識浪이 등약이전생騰躍而轉生하니라.
  비유하자면 큰 바다의 파도가 / 이 맹풍을 인유하여 생겨나 / 큰 물결이 바닷골을 침에 / 끊어질 시간이 없는 것과 같아서 / 장식의 바다도 상주하거늘 / 경계의 바람이 동요하는 바로 / 가지가지 모든 식의 파도가 / 뛰어올라 전전히 생겨나는 것이다 하였다.

[256] 명학溟壑은 해안가의 큰 골짜기라는 의미가 있다.

이 斯由猛風起하야 洪波鼓溟壑에 無有斷絶期라하고 藏識海常住等은 同이라 此義는 至下問明品하야 當廣分別하리라

그런 까닭으로 『능가경』에 말하기를 장식의 바다는 상주한다고 한 등은, 여기 소에서는 뜻으로만 인용하였다.
갖추어 말한다면, 비유하자면 큰 바다의 파도가
이 맹렬한 바람을 인유하여 생겨나
큰 물결이 바닷골을 침에
끊어질 기약이 없는 것과 같다 하고, 장식의 바다는 상주한다고 한 등은 여기서 말한 것과 같다.
이 뜻은 문명품에 이르러 마땅히 폭넓게 분별하겠다.

㊀經

安樂世間心天子는 得與一切衆生에 不可思議樂하야 令踊躍大
歡喜케하는 解脫門하며

안락세간심 천자는 일체중생에게 가히 사의할 수 없는 안락을
주어 하여금 뛰면서 크게 환희케 하는 해탈문을 얻었으며

㊀疏

四에 與一切衆生等者는 謂示物聖樂하야 令得初地니 此樂本有
하야 染而不染일새 爲不思議니라

네 번째 일체중생에게 가히 사의할 수 없는 안락을 주었다고 한
등은, 말하자면 중생에게 성인의 안락을 보여 하여금 초지初地를
얻게 한 것이니,
이 안락은 본래부터 갖추고 있어서 물들되 물든 적이 없기에 사의할
수 없다고 한 것이다.

經

樹王眼光明天子는 得如田家作業에 種芽莖等을 隨時守護하야 令成就케하는 解脫門하며

수왕안광명 천자는 농부(田家)²⁵⁷가 농업을 함에 종자와 싹과 줄기 등을 때를 따라 수호하여 하여금 성취케 하는 것과 같은 해탈문을 얻었으며

疏

五는 謂以菩提心으로 爲家하고 二利로 爲作業하며 並以身口로 爲牛하고 利智로 爲犂하야 耕於心地하고 下聞熏種하면 生信解芽하고 起正行莖하고 開諸覺華하야 獲菩提果리니 自利則以不放逸로 隨時守護하고 利他則以能化大願으로 守護하야 不令魔惑과 禽獸侵犯케하야 從因至果히 得成就也리라

다섯 번째는 말하자면 보리심으로써 집(家)을 삼고 이리二利로써 작업을 삼으며,
아울러 몸과 입으로써 소를 삼고 예리한 지혜로써 쟁기를 삼아 마음의 땅을 갈고 들어 훈습하는 종자를 심으면 믿음과 지해知解의 싹이 생기고 정행正行의 줄기가 생기고 모든 깨달음의 꽃이 피어

---

257 전가田家는 농사짓는 집 사람을 말한다.

보리의 결과를 얻게 되리니,

자리自利라면 곧 방일하지 아니함으로써 때를 따라 수호하고, 이타利他라면 곧 능히 교화하는 큰 서원으로써 수호하여 마혹魔惑과 금수禽獸로 하여금 침범하지 못하게 하여 원인(因)으로 좇아[258] 과보(果)에 이르기까지 성취함을 얻게 할 것이다.

---

258 원인(因)으로 좇아 이하는 경문에 하여금 성취케 하는 것과 같은 해탈문을 얻었다 한 것이다.

經

出現淨光天子는 得慈悲救護一切衆生하야 令現見受苦受樂事
하는 解脫門하며

출현정광 천자는 자비로 일체중생을 구호하여 하여금 고통을 받고
즐거움을 받는 일을 현재 보게 하는 해탈문을 얻었으며

疏

六에 慈悲等者는 謂慈護現樂하고 悲救其苦하야 令見因果하야 斷
惡修善이 名眞救護니라

여섯 번째 자비라고 한 등은, 말하자면 대자로 현재의 즐거움에서
구호하고
대비로 그 고통에서 구호하여 하여금 인과를 보아 악을 끊고 선을
닦게 하는 것이 이름하여 참다운 구호救護이다.

經

普遊不動光天子는 得能持淸淨月하야 普現十方하는 解脫門하며

보유부동광 천자는 능히 청정한 달(月)²⁵⁹을 가져 널리 시방에 나타내는 해탈문을 얻었으며

疏

七은 以佛智風으로 持大悲月하야 使明見正覺하야 離苦淸涼케하니라

일곱 번째는 부처님의 지혜의 바람으로 대비의 달을 가져 하여금 정각을 밝게 보아 고통을 여의고 청량하게 하는 것이다.²⁶⁰

---

259 원문에 능지청정월能持淸淨月이라 한 지持 자는 뒤에 게송에서는 대지지궁실 大地持宮室이라 하니 유지한다고 해석하였다. 달은 유지한다가 아니고 가진 다고 하는 것이 옳고, 대지는 궁실을 유지하고 있다고 하는 것이 옳다. 지持 자의 용처用處가 조금 다를 뿐 지持 자의 의미는 같다 하겠다.

260 정각을 밝게 본다고 한 것은 자리自利이고, 고통을 여의고 청량하게 한다고 한 것은 이타利他이다.

> 經

星宿王自在天子는 得開示一切法이 如幻如虛空하야 無相無自性하는 解脫門하며

성수왕자재 천자는 일체법이 환과 같고 허공과 같아 모습(相)도 없고 자성自性도 없음을 열어 보이는 해탈문을 얻었으며

> 疏

八에 開示等者는 一切法에 有二種하니 一은 是所迷니 謂緣起不實일새 故如幻이요 緣成일새 故無性이라 二는 是能迷니 謂遍計無物일새 故如空이요 妄計일새 故無相이라 又緣起法에 有二義하니 一은 無相如空하면 則蕩盡無所有니 是相空也라 二는 無自性如幻하면 則業果恒不失이니 卽性空也라 此二不二하야 爲一緣起일새 是故兩喩로 共顯一法이니 旣不迷能所인댄 則悟眞如하야 成正智火리라

여덟 번째 일체법이 환과 같다는 등을 열어 보인다고 한 등은, 일체법에 두 가지가 있나니
첫 번째는 이 소미所迷이니,
말하자면 연기緣起는 진실이 아니기에 그런 까닭으로 환과 같은 것이요,
인연으로 이루어지기에 그런 까닭으로 자성自性이 없는 것이다.

두 번째는 이 능미能迷이니,

말하자면 변계遍計는 실물이 없기에 그런 까닭으로 허공과 같은 것이요,

허망하게 계교하기에 그런 까닭으로 모습(相)이 없는 것이다.

또 연기의 법에 두 가지가 있나니

첫 번째는 모습(相)이 없는 것이 허공과 같다면 곧 탕진蕩盡하여 있는 바가 없을 것이니,

이것은 모습(相)이 공한 것이다.

두 번째는 자성이 없는 것이 환幻과 같다면 곧 업의 과보를 항상 잃을 수 없을 것이니,

곧 자성이 공한 것이다.

이 둘이 둘이 없어서 하나의 연기가 되기에 이런 까닭으로 두 가지 비유로 함께 한 법을 나타낸 것이니,

이미 능能·소所를 미迷하지 아니하였다면 곧 진여를 깨달아 바른 지혜의 불(火)을 성취할 것이다.

鈔

言此二不二者는 融上性相二空也라 云何融耶아 謂若不達者인댄 性相二空이 俱非了義라 何者오 謂法若性空인댄 相不空故요 若云相空인댄 性又不空이니 以性相異故니라 猶如畫火는 無有熱性이나 而似火相하고 如木中火는 不見其相이나 而有其性하며 如角峯垂頷는 卽是牛相하고 負重致遠은 卽是其性이니 故로 性主於內하고 相據於

外니라 若一空者인댄 彼一不空이라 若得意者인댄 此二相成이니 謂
由從緣無性이 名爲性空일새 故令體相으로 無不空寂케하나니 卽相
空也라 此以性空으로 成於相空이요 由諸相蕩盡일새 是故로 空中無
色하고 無受想行識이니 方顯法性本自空이라 此以相空으로 成性空
이니 故로 二空相成을 云不二也니라 又說호대 性空에 總有三義하니
一은 法無定性을 名空인댄 則相未空이요 二는 法之眞性이 本空인댄
則相亦未空이요 三은 若說從緣無性故로 名爲空인댄 則一切法相이
自空矣요 非推之使空이라 則悟眞如하야 成正智火者는 此中에 具五
法과 三自性하니 三性文顯하니라 五法相者는 謂遍計無物일새 故亡
名也요 妄計無相일새 故絶妄想也요 起緣無相일새 故亡相也요 悟眞
如일새 卽圓成이요 成正智火하니 五法具矣니라

이 둘이 둘이 없다고 말한 것은 위에 자성과 모습이 둘 다 공함을
융섭한 것이다.
어떻게 융섭하는가.
말하자면 만약 요달하지 못하였다면 자성과 모습이 둘 다 공하였다
하는 것이 함께 요달하지 못하였다는 뜻이다.
무엇 때문인가.
말하자면 법이 만약 자성이 공하였다 한다면 모습이 공하지 아니한
까닭이요,
만약 모습이 공하였다 말한다면 자성이 또한 공하지 아니한 것이니,
자성과 모습이 다른 까닭이다.
비유하자면 그림 속에 불은[261] 태우는 성질(性)은 없지만 불의 모습

(相)과는 같고,

나무 속에 불은 그 모습(相)을 볼 수 없지만 그 성질(性)이 있는 것과 같으며,

소뿔의 끝이 턱(頷)²⁶²까지 쳐진 것은 곧 소의 모습(相)과 같고, 무거운 짐을 지고 멀리까지 가는 것은 곧 그 소의 성질(性)과 같나니,

그런 까닭으로 자성(性)은 안에 주인이 되고,

모습(相)은 밖에 의거한 것이다.

만약 하나만 공하다고²⁶³ 한다면 저 하나는 공하지 아니한 것이 될 것이다.

만약 뜻을 얻은 사람이라면 이 두 가지가 서로 성립하리니,

말하자면 인연으로 좇아나 자성이 없는 것이 이름이 자성이 공함이 된다고 함을 인유하기에 그런 까닭으로 자체상(體相)으로 하여금 공적하지 아니함이 없게 하나니

곧 모습이 공한 것이다.

이것은 자성이 공함으로써 모습이 공함을 성립한 것이요,

모든 모습이 탕진함을 인유하기에 이런 까닭으로 허공 가운데는 색도 없고 수受·상相·행行·식識도 없나니

---

261 비유하자면 그림 속에 불이라고 운운한 것은 자성은 공하고 모습은 공하지 아니함에 비유한 것이요, 나무 속에 불이라고 운운한 것은 모습은 공하고 자성은 공하지 아니함에 비유한 것이요, 소뿔의 끝이라고 운운한 것은 자성과 모습이 서로 다름을 통틀어 말한 것이다.

262 頷는 턱뼈 고, 턱살 호이다.

263 하나만 공하다고 한 것은 성性과 상相 중에 하나이다.

바야흐로 법성이 본래 스스로 공함을 나타낸 것이다.
이것은 모습이 공함으로써 자성이 공함을 성립한 것이니,
그런 까닭으로 이공二空[264]이 서로 성립함을 둘이 없다고 말한 것이다.

또 말하기를 자성이 공함(性空)에[265] 모두 세 가지 뜻이 있나니,
첫 번째는 법에 일정한 자성이 없는 것을 공이라 이름한다면 곧 모습이 아직 공하지 아니한 것이요,
두 번째는 법의 참다운 자성이 본래로 공하였다고 한다면 곧 모습이 역시 아직 공하지 아니한 것이요,
세 번째는 만약 말하기를 인연으로 좇아나 자성이 없는 까닭으로 공이라 이름한다면 일체 법상法相[266]이 스스로 공한 것이고, 그것을 미루어 하여금 공하게 한 것이 아니다.

곧 진여를 깨달아 바른 지혜의 불을 성취할 것이라고 한 것은,

---

264 이공二空이란, 성공性空과 상공相空이다.
265 또 말하기를 자성이 공한 것이라고 한 등은, 이것은 곧 다만 이 자성이 공한 것에 이 세 가지 뜻이 있음을 밝힌 것이지만 그러나 그 뜻은 지금에 소문이 곧 제 세 번째 뜻에 해당함을 나타낸 것이다. 어떤 사람이 말하기를 처음에 두 가지 뜻은 곧 앞에(영인본 화엄 2책, p.855, 10행) 만약 요달하지 못하였다면 자성이 공하고 모습이 공하지 아니하였다고 한 뜻이라 하니, 초가의 뜻이 아닐까 염려된다. 이상은 『잡화기』의 말이다.
266 법상法相이라 한 상相 자가 타본에는 성性 자로 되어 있으나 『잡화기』는 상相 자의 잘못이라 하였다.

이 가운데 오법五法과 삼자성三自性을 갖추었나니
삼자성三自性은 바로 위의 문장에 잘 나타내었다.[267]
오법상五法相[268]이라고 한 것은 말하자면
변계遍計는 실물이 없기에 그런 까닭으로 이름이 없는 것이요,
망계妄計는 모습(相)이 없기에 망상이 끊어진 것이요,
연기緣起는 모습이 없기에 그런 까닭으로 모습이 없는 것이요,
진여를 깨달았기에 곧 원성圓成[269]이요,
바른 지혜의 불을 이루었으니
오법이 다 갖추어진 것이다.

---

[267] 바로 위의 문장에 잘 나타내었다고 한 것은, 바로 위의 초문에 첫 번째 일정한 자성과 두 번째 참다운 자성과 세 번째 인연으로 좇아나 자성이라 한 것이다. 그리고 변계소집성 등의 삼성은 영인본 화엄 2책, p.714 이하에 잘 설명하고 있다. 물론 『현담』에도 이미 말한 바 있다.

[268] 오법상五法相이라고 한 것은 앞에 두 가지는 변계소집성이고, 제 세 번째 연기는 의타기성이고, 제 네 번째는 원성실성이다.

[269] 원성圓成은 곧 여여如如라고 『잡화기』는 말한다.

> 經

淨覺月天子는 得普爲一切衆生하야 起大業用하는 解脫門하며

정각월 천자는 널리 일체중생을 위하여 큰 업의 작용을 일으키는
해탈문을 얻었으며

> 疏

九는 悲願爲物하야 現相好形이 是大業也니라

아홉 번째는 자비와 서원으로 중생을 위하여
상호相好의 형상을 나타내는 것이
큰 업의 작용이다.

經

大威德光明天子는 得普斷一切疑惑하는 解脫門하니라

대위덕광명 천자는 널리 일체 의혹을 끊는 해탈문을 얻었습니다.

疏

十에 普斷等者는 毛光普演거니 何疑不斷이리오

열 번째 널리 일체 의혹을 끊는다고 한 등은, 털구멍 속에 광명으로 널리 연설하거니
무슨 의혹인들 끊지 못하겠는가.

經

爾時에 月天子가 承佛神力하야 普觀一切月宮殿中에 諸天衆會하고 而說頌曰호대

그때에 월천자가 부처님의 위신력을 받아 널리 일체 달의 궁전 가운데 모든 하늘 대중[270]이 모인 것을 관찰하고 게송을 설하여 말하기를

疏

偈中에도 亦十이라

게송 가운데도 또한 열 게송이 있다.

---

270 모든 하늘 대중이란, 모든 월천자의 대중이다.

經

佛放光明遍世間하고　　照耀十方諸國土하사
演不思議廣大法하야　　永破衆生癡惑暗이니다

境界無邊無有盡을　　於無量劫常開導하야
種種自在化群生하시니　華髻如是觀於佛이니다

부처님이 광명을 놓아 세간에 두루하게 하시고
시방의 모든 국토를 비추어
사의할 수 없는 광대한 법을 연설하여
영원히 중생의 의혹의 어둠을 깨뜨리십니다.

경계가 끝이 없고 다함이 없음을
한량없는 세월에 항상 열어 인도하여
가지가지 자재롭게 중생을 교화하시니
화왕계광명 천자가 이와 같이 관찰하였습니다.

疏

初二는 可知라

처음에 두 게송은 가히 알 수가 있을 것이다.

經

衆生心海念念殊를　　　佛智寬廣悉了知하고
普爲說法令歡喜케하시니　此妙光明之解脫이니다

중생의 마음 바다가 생각 생각에 다름을
부처님의 지혜는 넓어 다 요달하여 아시고
널리 법을 설하여 하여금 환희케 하시니
이것은 중묘광명[271] 천자의 해탈입니다.

疏

三中에 初句는 卽心海攀緣轉이니 若以生滅八識인댄 卽彼第八도 亦名爲轉이라 以恒轉故로 云念念殊라하니 恒故非斷이요 轉故非常이라

세 번째 게송 가운데 처음 구절은 곧 위에 중생의 마음 바다에 반연하여 전轉한다고 한 것이니,
만약 생멸의 팔식八識이라면 곧 저 제팔식도 또한 이름이 전식(轉)이 되는[272] 것이다.

271　묘광명妙光明이란, 장행문에는 중묘정광衆妙淨光이라 하였다.
272　제팔식도 또한 이름이 전식(轉)이 된다고 한 등은, 대개 성종인즉 제팔식이 곧 여래장인 까닭으로 다만 상주한다는 말만 있고 유전한다는 말이 없거니와, 만약 상종인즉 제팔식이 이미 혹업惑業의 습기로 좇아 생기하기에 그런

항상 전하는 까닭으로 말하기를 생각 생각에 다르다 하였으니,
항상한 까닭으로 끊어지지 않는 것이요,
전하는 까닭으로 항상하지 않는 것이다.

鈔

若以生滅八識인댄 卽彼第八도 亦名爲轉者는 以起信中에 則生滅이 與不生滅로 和合이라하니 故로 有藏識海常住之言하니 如長行辯하니라 今取唯識宗인댄 八識은 唯是業惑으로 辦生일새 故皆生滅이라하니라 言以恒轉故者는 卽引證也니 論釋호대 第一能變은 卽阿賴耶라 於中因果와 法喩를 間之恒轉이 如瀑流라하니라 論에 有問云호대 阿賴耶識은 爲斷爲常가 論答云호대 非斷非常이니 以恒轉故니라 恒은 謂此識이 無始時來로 一類相續하며 常無間斷하나니 是界趣生을 施設本故며 性堅持種하야 令不失故니라 轉은 謂此識이 無始時來로 念念生滅하야 前後變異하나니 因滅果生하야 非常一故며 可爲轉識하야 熏成種故니라 恒은 言遮斷이요 轉은 表非常이니 猶如瀑流하야 因果法爾라하니라 云念念殊者는 卽以論의 恒轉之言으로 會同經文이라

만약 생멸의 팔식이라면 곧 저 제팔식도 또한 이름이 전식이 된다고

까닭으로 또한 전식이라 이름함을 얻는 것이다. 앞에 칠전식七轉識을 상대하기에 그런 까닭으로 '또한'이라는(亦: 팔식도 또한 이름이 전식) 말을 이루는 것이다. 역시 『잡화기』의 말이다.

한 것은, 『기신론』 가운데 곧 생멸이 불생멸로 더불어 화합한다 하였으니,

그런 까닭으로 장식藏識의 바다는 상주한다 한 말이 있나니 장행문長行文에[273] 분별한 것과 같다.

지금에는 유식종을 취한다면 팔식은 오직 이 업혹으로만 갖추어 나기에[274] 그런 까닭으로 다 생멸한다 하였다.

항상 전하는 까닭이라고 한 것은 곧 인용하여 증거한(引證) 것이니, 『유식론』[275]에 해석하기를 제일 능변能變은 곧 아뢰야이다. 그 가운데 인과因果와 법法·유喩를[276] 사이하여 항상 전하는 것이 마치 폭포의

---

273 장행문長行文 운운한 것은 영인본 화엄 2책, p.852, 8행에 『능가경』을 인용하여 말한 것이다.

274 팔식은 오직 이 업혹으로만 갖추어 난다고 한 것은, 문명품 소疏에 이숙뢰야는 업혹의 종자를 좇아 자체를 갖추어 난다 하였다.

275 『유식론』이란, 『성유식론』 제삼권이다. 아래 논도 역시 『성유식론』 제삼권이다.

276 인과와 법유라고 한 등은, 항상하다는 것은 말하자면이라 한(2책, p.859, 8행) 이하는 인因이고, 전한다는 것은 말하자면이라 한(2책, p.859, 9행) 이하는 과果이니 인과가 다 법이요, 마치 폭포수의 흐름과 같다고 한 한 구절은 비유이다. 인과의 법이 그렇다고 한(2책, p.860, 2행) 한 구절은 다시 법을 거론한 것이요, 후단(2책, p.860, 2행이니 전단에 한 번 나온 까닭으로 후단이라 한 것이다)에 마치 폭포수의 흐름과 같다고 한 등은 다시 비유를 거론한 것이다. 이 식이라고 한(다시 앞의 2책, p.859, 8행 此識無始云云) 등은 또한 법이다. 그 다음에 다시 양단(2책, p.860, 4행 소문 신신新新 이하가 일단이고, 2책, p.860, 6행 우여해又如海 이하가 이단이다)이 있어 또한 다 법과 비유를

흐름과 같다고 하였다.

『유식론』에 어떤 사람이 물어 말하기를²⁷⁷ 아뢰야식은 단멸함이 되는가, 항상함이 되는가.

『유식론』에 답하여 말하기를 단멸함도 아니고 항상함도 아니니 항상 전하는 까닭이다.

항상하다는 것은 말하자면²⁷⁸ 이 식識이 비롯함이 없는 때로부터 오면서 일류一類로 상속相續하며 항상하여 간단함이 없나니,

이 아뢰야식은 삼계와 육취의 중생을 시설하는 근본인 까닭이며,

이 식의 자성이 종자를 굳게 가져 하여금 잃지 않게 하는 까닭이다.

서로 거론한 까닭으로 사이한다(間) 말한 것이니, 간間이란 간잡間雜이다. 이상은 다 『잡화기』의 말이다. 그러나 다른 각도에서 인과 법유法喩 운운을 해석하면 법은 항전恒轉이고 비유는 폭류瀑流이니, 법 가운데 항恒은 곧 과생果生이고 전轉은 곧 인멸因滅이니 그런 까닭으로 인과 법유가 사이하여 항상 전하는 것이 마치 폭포의 흐름과 같다 하는 것이다.

277 『유식론』에 어떤 사람이 물어 말하였다고 한 등은, 저 『유식론주』에 말하기를 묻고 답하여 처음 능변식(제일능변식)은 단멸함도 아니고 항상함도 아님을 밝힌 것이요, 바로 아래 항상하다는 것은 말하자면이라 한 이하는 인위를 잡아서 항상하다는 뜻을 해석한 것이요, 전한다는 것은 말하자면이라 한 이하는 과위를 잡아 전한다는 뜻을 해석한 것이라 하였다. 역시 『잡화기』의 말이다.

278 항상하다는 것은 말하자면이라 한 등은, 『유식론주』에 말하기를 항恒 자를 해석한 것이니, 이 식이 무시이래로 일류로 상속하여 항상 기록할 수 없는 까닭이요, 잠시토록 상속하여 항상 간단함이 없는 까닭이요, 삼계의 오취중생이 항상 근본을 삼는 까닭이요, 자성이 종자를 굳게 가져 항상 잃지 않는 까닭이라 하였다. 역시 『잡화기』의 말이다.

전轉한다는 것은 말하자면[279] 이 식識이 비롯함이 없는 때로부터
오면서 생각 생각에 생멸하여 앞뒤로 변하여 달라지나니,
원인이 사라짐에 과보가 생겨나 항상 한결 같지 않는 까닭이며,
가히 식識을 전轉하여[280] 종자를 훈성薰成하는 까닭이다.
항상하다[281]는 것은 단멸함을 막는 것을 말한 것이요,
전한다는 것은 항상하지 아니함을 표한 것이니,
비유하자면 폭포의 흐름과 같아서 인과의 법이 그러한 것이다[282]

---

279 전한다는 것은 말하자면이라 한 등은,『유식론주』에 말하기를 전轉 자를 해석한 것이니, 생멸하여 변하여 달라지는 것을 다 전변轉變이라 이름하는 것이다. 외도들이 한결같음(一)에 집착하고 항상함(常)에 집착하여 전변함이 없다는 뜻과는 같지 않는 것이다 하였다. 역시『잡화기』의 뜻이다.

280 식을 전한다(轉識)고 한 것은, 전식을 칠전식七前識으로 보아 전식의 훈성하는 종자가 되는 까닭이라고 번역할 것이지만, 그러나 여기서는 전轉 자를 해석하는 것이기에 옳지 않다. 앞에서 이미 식識이 종자를 가리킨다 하였으니, 여기서는 식을 전하여 종자를 훈성한다고 하는 것이 옳다 하겠다.

281 항상하다는 것은 단멸함을 막는 것이라 한 등은,『유식론주』에 말하기를 항상하다는 것과 전한다는 것을 맺어 나타내어 저 단멸함과 항상함을 막는 것이다 하고, 바로 아래 비유하자면 폭포의 흐름과 같다고 한 아래는,『유식론주』에 말하기를 비유를 인용하여 전한다는 것을 해석하여 성립한 것이다 하였다. 전식轉識은 곧 앞에 칠식이니 전식의 吐이다. 이상은『잡화기』의 말이다. 전식을 두 가지로 해석한다. 첫째는 앞에 칠식은 이 팔식으로 전생변현轉生變現한다는 것이고, 둘째는 이 팔식이 안식 등 앞에 칠식을 전생轉生한다는 것이다. 따라서『잡화기』는 첫째의 해석을 기준하였고, 나는 둘째의 해석을 기준하여 전식하야 吐를 달았다. 一은 전변하는 식, 二는 식을 전변하는 것이라는 뜻이다.

282 인과의 법이 그러한 것이다고 한 것은,『유식론』제삼권의 답한 문장이

하였다.
생각 생각에 다르다고 말한 것은 『유식론』에 항상 전轉한다는 말로써 경의 문장을 회석하여 같게 한 것이다.

疏

新新而生하고 念念而滅하야 念念殊故로 體恒不卽이요 彼如來藏에 功德常具일새 義亦不離하나니 如彼瀑流가 離水無流하며 離流無水하니라 又如海波濤가 有漂溺故며 多畜養故니라 法合思之니라 次句는 明了知니 謂此識深細하야 唯佛智知故니라 次句는 示心海性이 卽是佛智니 不令外求하고 稱機故喜케하니라

새롭게 새롭게 생기고 생각 생각에 사라져서 생각 생각에 다른 까닭으로 자체[283]가 항상 즉卽하지 않은 것이요,
저 여래장에 공덕이 항상 갖추어져 있기에 뜻[284]도 또한 떠나지 않은 것이니,
마치 저 폭포의 흐름이 물을 떠나서 흐름이 없으며,
흐름을 떠나서 물이 없는 것과 같다.
또 바다에 파도가 표류시켜 빠뜨리게 함이 있는 까닭이며,
쌓고 양육함이 많은 것과 같은 까닭이다.

여기에서 끝나는 것이다.
283 자체란, 제팔 아뢰야식의 자체이다.
284 뜻이란, 역시 제팔 아뢰야식의 뜻이다.

법합法合은 생각할 것이다.

다음 구절[285]은 요달하여 아는 것을 밝힌 것이니, 말하자면 이 아뢰야식은 깊고도 세밀하여 오직 부처님의 지혜[286]라야 아는 까닭이다.
다음 구절[287]은 마음 바다의 자성이 곧 이 부처님의 지혜임을 보인 것이니,
밖으로 하여금 구하지 않고 원기[288]에 칭합하는 까닭으로 환희케 하는 것이다.

鈔

新新已下는 義引上論이라 念念殊故下는 會法性宗이니 與如來藏으로 非一非異故라 起信云호대 謂不生不滅이 與生滅和合하야 非一非異를 名阿賴耶識이라하니 由念念殊가 是生滅故로 與藏非一이요 此生滅心에 恒沙性德이 本來具足일새 故名不離니 不卽不離가 卽不一不異니라 言如彼瀑流者는 卽向所引의 唯識後文云호대 如瀑流水가 非斷非常하야 相續長時하야 有所漂溺인달하야 此識亦爾하야 從無

---

285 다음 구절은 제이구이다.
286 부처님의 지혜라고 한 것은 이것은 곧 부처님이 증득한 바이고, 바로 아래 부처님의 지혜라고 한 것은 이것은 곧 중생이 본래 갖추고 있는 바이다. 역시 『잡화기』의 말이다.
287 다음 구절은 제삼구이다.
288 원문에 기機는 초문에 원기圓機라 하였다.

始時來로 生滅相續하야 非常非斷하야 漂溺有情하야 令不出離니라 又如瀑流가 雖因風等하야 擊起諸波나 而流不斷인달하야 此識亦爾하야 雖遇衆緣하야 起眼等識이나 而恒相續하나라 又如瀑流가 漂水上下에 魚草等物이 隨流不捨인달하야 此識亦爾하야 與內習氣와 外觸等法으로 恒相續轉이라하니 釋曰但觀上引인댄 於疏文中엔 二宗合釋이니 如瀑流水는 卽唯識文이요 離水無流는 通二宗義라 若成法相인댄 離第八識하야 無眼等識이요 若依法性인댄 離如來藏하야 無有八識이니 廣如問明이라

새롭게 새롭게 생긴다고 한 아래는 위에 『유식론』을 뜻으로 인용한 것이다.

생각 생각에 다른 까닭이라고 한 아래는 법성종을 회석한 것이니 여래장으로 더불어 하나도 아니고 다르지도 아니한 까닭이다. 『기신론』에 이르기를 말하자면 불생불멸이 생멸로 더불어 화합하여 하나도 아니고 다르지도 않는 것을 이름하여 아뢰야식이라 한다 하였으니,

생각 생각에 다른 것이 이 생멸을 인유한 까닭으로 여래장으로 더불어 하나가 아니요,[289]

이 생멸심에 항하사恒河沙의 성덕性德이 본래로 구족하여 있기에 그런 까닭으로 이름하여 떠나지 않는다 하나니,

즉하지도 않고 떠나지도 않는 것이 곧 하나도 아니고 다르지도

---

[289] 원문 非一 아래에 즉卽 자는 연衍 자이다.

않다는 것이다.

저 폭포의 흐름과 같다고 한 것은, 곧 향래(向來)에 인용한 바 『유식론』 뒤의 문장에 말하기를 마치 폭포[290]의 흐르는 물이 단멸하지도 않고 항상하지도 않아서 장시토록 상속하여 표류시켜 빠뜨리게 하는 바가 있는 것과 같아서, 이 아뢰야식도 또한 그러하여 비롯함이 없이 옴으로 좇아 생·멸이 상속하여 항상하지도 않고 단멸하지도 않아서 유정을 표류시켜 빠뜨려 하여금 벗어나지 못하게 하는 것이다.

또 마치 폭포의 흐름이 비록 바람 등을 인하여 모든 파도가 쳐 일어나지만 흐름이 단멸하지 않는 것과 같아서, 이 아뢰야식도 또한 그러하여 비록 수많은 인연을 만나 안眼 등等의 식識을 일으키지만 항상 상속하는 것이다.

또 마치 폭포의 흐름이 물이 표류함으로 오르고 내림에 고기와 풀 등 만물이 흐름을 따라 버리지 않는 것과 같아서, 이 아뢰야식도 또한 그러하여 안의 습기와 밖의 촉觸 등의 법[291]으로 더불어 항상

---

[290] 마치 폭포라고 한 것은 처음에 단멸하지도 않고 항상하지도 않다는 것을 함께 밝힌 것이고, 6행에 또 마치 폭포라고 한 아래는 두 번째 과보가 생기는 것이 단멸하지 아니함을 밝힌 것이고, 7행에 또 마치 폭포라고 한 아래는 세 번째 원인이 사라지는 것이 항상하지 아니함을 밝힌 것이니, 이상도 또한 저 『유식론주』이다. 역시 『잡화기』의 말이다.

[291] 습기는 곧 그 식이 안으로 쌓은 바 종자이고, 촉 등의 법이라고 한 것은 곧 그 식이 밖으로 심소를 따른 바인 까닭이라고 『잡화기』는 말한다.

상속하여 전한다 하였으니,
해석하여 말하면 다만 위에 인용한 것만 관찰한다면 저 소문疏文 가운데는 이종二宗을 합하여 해석한 것이니
폭포의 흐르는 물과 같다고 한 것은 곧 『유식론』의 문장이요,
물을 떠나서 흐름이 없다고 한 것은 이종二宗의 뜻에 통하는 것이다.
만약 법상종으로 성립한다면 제팔식을 떠나 안眼 등의 식이 없는 것이요,
만약 법성종을 의지한다면 여래장을 떠나 팔식이 없는 것이니,
폭넓게는 문명품問名品에 말한 것과 같다.

又如海波濤는 卽起信論云호대 如大海水가 因風波動에 水相風相이 不相捨離라하니라 海卽藏識이니 如長行說하니라 恒常住故로 是如來藏이니 此卽成上離水無流요 亦乃生下有所漂溺이니 卽唯識에 上生人天은 猶如漂草하고 下沈三塗는 猶如溺魚라하니라 多畜養故는 又兼法性이니 此中에 具有恒沙性德하야 一切智寶가 自此而生이라 若取法相인댄 阿陀那識甚微細한 一切種子如瀑流하니 我於凡愚不開演은 恐彼分別執爲我라하니라 亦多畜養義는 義兼二宗이라 言法合思之는 已如上說하며 玄文에도 又明하니라 至問明品하야 當廣分別二宗之異하니라 謂此識微細는 卽如向引偈文이니 卽唯識第三에 引解深密偈니라 次句는 示心海性이 卽是佛智者는 上句는 佛智爲能了故니 八十經云호대 佛智廣大如虛空하야 悉了世間諸妄想이라한 故니라 今此는 卽出現品云호대 一切衆生이 無不具有如來智慧호미 如大海水가 潛流四天下地라하니 故云卽是佛智라하니라 不令外求

者는 卽淨名云호대 諸佛解脫을 當於衆生의 心行中求라하니 稱彼圓機故로 生歡喜케하나니라

또 바다의 파도와 같다고 한 것은, 곧 『기신론』에 말하기를 큰 바다에 물이 바람을 인하여 파도가 움직임에 수상水相과 풍상風相이 서로 버리고 떠나지 않는다 하였다.
바다는 곧 장식藏識이니, 장행문에 설한 것과 같다.[292]
항상 상주常住하는 까닭으로 여래장이니
이것은 곧 위에 물을 떠나서 흐름이 없다고 한 것을 성립한 것이요, 또한 아래에 표류시켜 빠뜨리게 하는 바가 있다고 한 것을 생기生起한 것이니,
곧 『유식론』에 위로 인人·천天에 태어나는 것은 비유하자면 풀이 떠 있는(漂流) 것과 같고,
아래로 삼도三塗에 빠지는 것은 비유하자면 고기가 빠지는 것과 같다고 하였다.

쌓고 양육함이 많은 까닭이라고 한 것은 또한 법성종을 겸한[293] 것이니,
이 가운데 항하사 자성의 공덕을 갖추고 있어 일체 지혜의 보배가

---

292 장행문에 설한 것과 같다고 한 것은, 장행문 즉 영인본 화엄 2책, p.852, 5행에는 중생의 심해(衆生心海)라 하였고, 장행문의 소 가운데는 『능가경』을 이끌어 장식해는 상주(藏識海常住)라 하였다.
293 법성종을 겸하였다고 한 것은, 법상종인데 법성종을 겸하였다는 말이다.

이로부터 나오는 것이다.
만약 법상종을 취한다면 아타나식²⁹⁴의 깊고 미세한
일체 종자가 폭포의 흐름과 같나니
내가 범부와 어리석은 사람에게 열어서 연설하지 않는 것은
저 분별식에 집착하여 참 나를 삼을까 염려하기 때문이라 하였다.
또한 쌓고 양육함이 많다는 뜻은 그 뜻이 이종二宗을 겸하였다²⁹⁵
할 것이다.
법합法合은 생각할 것이라고 말한 것은 이미 위에서 설한 것²⁹⁶과
같으며
『현담玄談』의 문장에도 또한 이미 밝혔다.
문명품에 이르러 이종二宗의 다름을 마땅히 폭넓게 분별하겠다.

말하자면 이 식識은 미세하다고 한 것은 곧 향래에 인용한 게송문과
같나니,
곧 『유식론』 제삼권에 인용한 『해심밀경』의 게송이다.

다음 구절²⁹⁷은 마음 바다의 자성이 곧 이 부처님의 지혜임을 보인

---

294 아타나식은 곧 아뢰야식이다. 이 아래는 『해심밀경』의 게송이다.
295 그 뜻이 이종二宗을 겸하였다고 한 것은, 위에 법성종과 다음에 법상종을
　　가리키기에 그 뜻이 이종을 겸하였다 한 것이다.
296 이미 위에서 설한 것이라고 한 것은, 바로 위의 초문에 『유식론』 뒤에
　　문장에 운운한 것이다.
297 다음 구절은 제삼구이다.

것이라고 한 것은, 위에 구절[298]은 부처님의 지혜로 능히 요달하여 아는 까닭이니,
팔십권째 경에 말하기를 부처님의 지혜[299]는 광대하기가 마치 허공과 같아서 세간에 모든 망상을 요달하여 안다 한 까닭이다.
지금에 이 구절은 곧 여래출현품에 말하기를 일체중생이 여래의 지혜를 갖추고 있지 아니함이 없는 것이 마치 큰 바다의 물이 사천하四天下의 땅에 잠기어 흐르는 것과 같다 하였으니,
그런 까닭으로 말하기를 곧 부처님의 지혜라 하였다.

밖으로 하여금 구하지 않게 한다는 것은 곧 『정명경』에 말하기를 모든 부처님의 해탈을 마땅히 저 중생의 심행心行 가운데서 구할 것이다 하였으니[300]
저 원기圓機에 칭합하는 까닭으로 환희를 내게 하는 것이다.

---

[298] 위에 구절은 제이구이다.
[299] 부처님의 지혜 운운은 게송의 말이니, 구체적으로 말하면, 부처님의 지혜는 광대하기 허공과 같아서 / 널리 일체중생의 마음에 두루하며 / 세간의 모든 망상을 다 알지만 / 가지가지 다른 분별을 일으키지 않는다(佛智廣大如虛空, 普遍一切衆生心, 悉了世間諸妄想, 不起種種異分別) 한 것이다.
[300] 심행心行 가운데서 구할 것이다 한 것은, 『정명경』에는 심행心行의 행行 자는 없다. 그리고 이어서 중생의 마음도 또한 저 모든 부처님의 해탈 가운데서 구할 것(衆生心亦於諸佛解脫中求)이라는 말이 더 있다.

經

衆生無有聖安樂하야　　沈迷惡道受諸苦일새
如來示彼法性門하시니　安樂思惟如是見이니다

중생이 성스러운 안락이 없어서
악도에 빠져 미혹하여 모든 고통을 받기에
여래가 저 법성의 문을 보이시니
안락세간심 천자가 사유하여 이와 같이 보았습니다.

疏

四中에 初二句는 明失聖樂이라 聖安樂者는 卽聖智와 涅槃이니
本有今無故로 沈迷妄苦라 次句는 明與示其性有니 樂非苦外일
새 名不思議요 見性得樂일새 性卽是門이라

네 번째 게송 가운데 처음에 두 구절은 성스러운 안락을 잃은 것을
밝힌 것이다.
성스러운 안락이라고 한 것은 곧 성지聖智와 열반涅槃[301]이니,
본래는 있었지만 지금에는 없는 까닭으로 악도에 빠져 미혹하여

---

[301] 성지聖智와 열반涅槃이라고 한 것은, 경문인즉 다만 성스러운 안락(聖安樂)이
라고만 말하였거늘, 지금 소문에 반드시 성스러운 지혜와 열반을 아울러
거론한 것은 보리(智)와 열반이 두 가지 자체가 없음을 나타낸 까닭이다.
역시 『잡화기』의 말이다.

허망하게 고통을 받는 것이다.
다음 구절은 그 법성이 있음을 보여줌을 밝힌 것이니
안락이 고통 밖에 있는 것이 아니기에 위에서는 사의할 수 없는
안락[302]이라 이름한 것이요,
법성을 보아 안락을 얻기에 여기서는 법성이 곧 이 문門이라 한
것이다.

鈔

即聖智涅槃이니 本有今無者는 約法相說인댄 涅槃本有요 聖智本無
니 故로 無菩提覺法之樂거니와 今約法性일새 涅槃聖智가 皆有性淨
이니 即法性門이라 是則眞樂本有거늘 失而不知일새 云無有耳니라
故로 初地云호대 諸佛正法이 如是甚深거늘 而諸凡夫가 心墮邪見이
라하니라 既失眞樂하고 妄苦本空을 得而不覺일새 是故沈迷하나니 若
覺本性하면 不沈迷故라 故로 第三句에 示其性有하야 令其覺性하야
了彼苦性이 眞寂靜樂일새 云樂非苦外라하니라 是以로 長行에 名不
思議니라 見性得樂일새 性即是門者는 若約解苦無苦인댄 苦가 爲見
性之門이요 今約見性成佛일새 故로 性爲聖樂之門이라

곧 성지와 열반이니 본래는 있었지만 지금에는 없는 까닭이라고
한 것은 법상法相을 잡아 설한다면 열반은 본래 있는 것이요,

---

302 원문에 부사의不思議라고 한 것은, 영인본 화엄 2책, p.853, 4행 장행문에
불가사의락不可思議樂이라 하였다.

성지聖智는 본래 없는 것이니
그런 까닭으로 보리菩提인 깨달음에 진리의 안락이 없거니와,
지금에는 법성法性을 잡았기에 열반과 성지가 다 성정性淨[303]의 안락이 있나니
곧 법성의 문(法性門)이다.
이는 곧 참 안락이 본래 있는 것이어늘, 잃고 알지 못하기에 없다고 말하였을 뿐이다.
그런 까닭으로 초지初地에 말하기를 모든 부처님의 정법이 이와 같이 깊고도 깊거늘, 모든 범부가 마음이 사견에 떨어졌다 하였다.
이미 참 안락을 잃고 허망한 고통이 본래 공空함을 얻어 깨닫지 못하였기에 이런 까닭으로 빠져 미혹하나니,
만약 본성을 깨닫는다면 빠져 미혹하지 않는 까닭이다.
그런 까닭으로 제삼구에 그 법성이 있음을 보여 그 중생들로 하여금 법성을 깨달아 저 고통의 성품이 참 적정의 안락임을 알게 하기에 안락이 고통 밖에 있는 것이 아니라고 말한 것이다.
이런 까닭으로 장행문에 사의할 수 없는 안락이라고 이름하였다.

법성을 보아 안락을 얻기에 법성이 곧 이 문이라고 한 것은, 만약 고통이 고통이 없는 것인 줄 앎을 잡는다면 고통이 견성見成의 문이 되는 것이요,

---

[303] 성정性淨이란, 법성청정·자성청정이니, 즉 법성청정의 안락이 있다는 것이다.

지금에는 견성하여 성불함을 잡았기에 그런 까닭으로 법성이 성스러운 안락의 문이 되는 것이다.

㉓

如來希有大慈悲로　　爲利衆生入諸有하야
說法勸善令成就케하시니　此目光天所了知니이다

희유하신 여래께서 큰 자비로
중생을 이익케 하기 위하여 제유諸有에 들어가서
법을 설하고 선행을 권하여 하여금 성취케 하시니
이것은 목광 천자[304]가 요달하여 아는 바입니다.

㉑

五中에 但是法說이니 如來는 卽田主也요 悲는 佃物田이요 爲利入
有는 是所作業이니 爲利는 同於求果요 入有는 似於耕犁요 說法은
卽是下種이요 勸善은 正當守護요 令熟은 可知라

다섯 번째 게송 가운데는 다만 이 법설法說뿐이니[305]
여래는 곧 밭의 주인이요,
자비는 중생의 밭을 가는[306] 것이요,

---

304 목광 천자는 장행문에 수왕안광명 천자樹王眼光明天子라 하였다. 영인본
  화엄 2책, p.853, 8행 참조.
305 다만 이 법설法說뿐이라고 한 것은 장행문에는 다만 유설喩說뿐이다.
306 전佃은 밭을 다스린다(治田: 治山과 治水와 같은 의미)는 뜻이다. 또 전田으로도
  하나니, 『모시毛詩』(『詩經』)에 바람이 가지런하여도 큰 밭을 갈 수가 없다(齊

세주묘엄품 ④ 275

이익케 하기 위하여 제유에 들어가는³⁰⁷ 것은 작업하는 바이니,
이익케 하기 위한 것은 결과를 구하는 것과 같은 것이요,
제유에 들어가는 것은 밭을 가는 쟁기와 같은 것이요,
법을 설하는 것은 곧 종자를 뿌리는 것이요,
선행을 권하는 것은 바로 마땅히 수호하는 것이요,
하여금 성숙케 하는³⁰⁸ 것은 가히 알 수가 있을 것이다.

風無田甫田) 하고, 그 주석에 전田은 갈아 다스리는 것(耕治)이다 하였다. 역시 『잡화기』의 말이다.
307 이익케 하기 위하여 제유에 들어간다고 한 등은, 앞인 즉 두 가지 이익으로써 작업하는 바를 통석하였고, 지금에는 다만 이타만 가리켜 작업하는 바를 삼은 것은 대개 대자비의 성인은 이타가 곧 이 자리이기에 그런 까닭으로 따로 자리를 말하지 아니한 것이라고 『잡화기』는 말한다.
308 원문에 영숙令熟은 경문에 영성취令成就라 하였다.

經

世尊開闡法光明하야　　分別世間諸業性과
善惡所行無失壞하시니　淨光見此生歡喜이다

세존이 진리의 광명을 열어 밝혀
세간에 모든 업성과
선악의 소행이 잃거나 무너짐이 없는 줄 분별하시니
출현정광 천자가 이것을 보고 환희를 내었습니다.

疏

六中에 前悲救護는 語其本心이요 此明智光은 彰其所用이니 悲智
相導가 能眞救也니라

여섯 번째 게송 가운데 앞에서 자비로 구호한다고 한 것은 그 본심을
말한 것이요,
여기에 지혜의 광명[309]을 밝힌 것은 그 작용하는 바를 밝힌 것이니
자비와 지혜로 서로 인도하는 것이 능히 참답게 구호하는 것이다.

---

309 지혜의 광명이란, 경문에는 법의 광명(法光明)이라 하였다.

經

佛爲一切福所依가　　譬如大地持宮室인달하야
巧示離憂安隱道하시니　不動能知此方便이니다

부처님이 일체 복의 의지할 바가 되는 것이
비유하자면 대지大地가 궁전과 집을 유지하는 것과 같아서
근심을 떠난 안은한 도를 교묘하게 보이시나니
보유부동광 천자가 능히 이 방편을 알았습니다.

疏

七中에 初句는 佛爲福依요 月爲涼本이라 次句는 應言大風持宮어늘 而今云爾는 卽是轉喩이니 大地如佛이요 宮室如福이라 次句는 卽照現義며 亦淸涼義라

일곱 번째 게송 가운데 처음 구절은 부처님은 복의 의지처가 되고, 달은 청량의 근본이 되는 것이다.[310]
다음 구절은 응당 대풍大風[311]이 궁전과 집을 유지한다고 해야 할

---

310 달은 청량의 근본이 된다고 한 것은, 앞에 장행문인즉 자비로써 달을 삼았고, 지금인즉 지혜로써 달을 삼나니 달의 한 비유가 이 두 가지 뜻에 통하는 까닭이니, 앞에서 이미 말한 것과 같다고 『잡화기』는 말하고 있다. 앞에서 이미 말한 것이란 월자권月字卷 하권 28장이다. 달은 청량의 근본이 된다고 한 것은 장행문에는 청정한 달(淸淨月)이라 하였다.

것이어늘, 지금에 말하기를 그렇게 대지大地가 궁전과 집을 유지한다고 한 것은 곧 이것은 전전히 비유(轉喩)한 것이니[312] 대지大地는 부처님과 같고, 궁전과 집은 복과 같은 것이다.
다음 구절[313]은 비추어 나타내는 뜻이며 또한 청량의 뜻이다.

---

[311] 대풍大風이라고 한 것은, 장행문의 소문에는 불지풍佛智風이라 하였다. 영인본 화엄 2책, p.854, 말행에 있다.

[312] 전전히 비유한 것이라고 한 것은, 말하자면 앞에서는 바람으로써 부처님의 지혜에 비유하고 달로써 자비에 비유하였고, 지금에는 또 대지大地로써 지혜에 비유하고 궁전으로써 자비에 비유한 까닭으로 그렇게 전전히 비유한 것이라고 말한 것이다. 그렇다면 곧 경에 궁전과 집이라 말한 것은 곧 세간의 궁전과 집이고, 소문에 큰 바람이 궁전과 집을 유지한다고 말한 것은 달의 궁전과 집을 유지하는 것을 말하는 것이다. 역시 『잡화기』의 말이다.

[313] 다음 구절은 제삼구이다.

> 經

智火大明周法界하야　　現形無數等衆生하사
普爲一切開眞實하시니　星宿天王悟斯道니이다

지혜의 불 큰 광명이 법계에 두루하여
형상을 수없이 나타내어 중생과 같게 하여
널리 일체중생을 위하여 진실을 여시니
성수왕자재 천왕[314]이 이 도를 깨달았습니다.

> 疏

八中은 可知라

여덟 번째 게송 가운데는 가히 알 수가 있을 것이다.

---

[314] 경문에 성수천왕이란, 장행문에 성수왕자재 천자星宿王自在天子라 하였다. 영인본 화엄 2책, p.855, 1행에 있다.

> 經

佛如虛空無自性이나　爲利衆生現世間하야
相好莊嚴如影像하시니　淨覺天王如是見이니다

부처님은 허공과 같아 자성이 없지만
중생을 이익케 하기 위하여 세간에 나타나
상호의 장엄을 영상과 같이 하시니
정각월 천왕이 이와 같이 보았습니다.

> 疏

九中에 初句에 佛如虛空은 大業性也요 次句는 大業體也니 不利
衆生이면 非大業故니라 次句는 大業相이니 依光有影일새 可以知
動靜이요 依鏡有像일새 可以辯姸媸이라 然彼影像은 無自性相이
니 如來相好도 當知亦爾니라

아홉 번째 게송 가운데 처음 구절에 부처님은 허공과 같다고 한
것은 큰 업의 자성이요,
다음 구절은 큰 업의 자체이니,
중생을 이익케 하지 아니하면 큰 업(大業)이 아닌 까닭이다.
다음 구절은 큰 업의 모습이니,
광명을 의지하여 그림자가 있기에 가히 동動·정靜을 아는 것이요,
거울을 의지하여 형상이 있기에 가히 예쁘고 추함을 가리는 것이다.

그러나 저 그림자와 형상은 자성의 모습이 없나니,
여래의 상호도 또한 그러한 줄 마땅히 알아야 할 것이다.

◯ 鈔

依光有影等者는 疏開影像二字하야 以爲兩喩니 影은 謂光影喩요 像은 謂鏡像喩라 然此二喩가 有通一切어니와 今取別義라 光影之喩는 喩佛現多端이니 故云有動靜이라하니 質動影動하고 質靜影靜이라 鏡像喩는 喩現身勝劣이니 如丈六과 三尺과 三十二相等을 隨機見也니라

광명을 의지하여 그림자가 있다고 한 등은 소문에 영상影像이라는 두 글자를 열어서 두 비유를 삼은 것이니,
그림자는 말하자면 광영의 비유(光影喩)이고,
형상은 말하자면 경상의 비유(鏡像喩)이다.
그러나 이 두 가지 비유가 일체 비유에 통함이 있거니와, 지금에는 별의別義만을 취하였다.
광영의 비유(光影喩)는 부처님의 나타나심이 다단多端함에 비유한 것이니,
그런 까닭으로 말하기를 동·정이 있다고 하였으니
바탕이 움직이면 그림자도 움직이고, 바탕이 고요하면 그림자도 고요한 것이다.[315]

---

[315] 그림자도 움직인다고 한 것은, 변화신과 같나니 거래가 있는 까닭이요,

경상의 비유(鏡像喩)는 나타내시는 몸이 수승하고 하열함에 비유한 것이니,

장육신丈六身³¹⁶과 삼척신三尺身³¹⁷과 삼십이상 등을 근기를 따라 나타내신 것이다.

그림자도 고요하다고 한 것은, 타수용신과 같나니 거래가 없는 까닭이다고 『잡화기』는 말한다.
316 장丈은 일장一丈이 열 자이다. 따라서 장육신은 승신勝身이다.
317 척尺은 일척一尺이 열 치이다. 따라서 삼척신은 열신劣身이다.

經

佛身毛孔普演音하야　法雲覆世悉無餘거늘
聽聞莫不生歡喜시니　如是解脫光天悟이니다

부처님 몸의 털구멍에서 널리 법음法音을 연설하여
법의 구름이 세간을 덮어 다 남음이 없게 하시거늘
듣는 사람들이 환희를 내지 아니함이 없나니
이와 같은 해탈은 대위덕광명 천자가 깨달았습니다.

疏

十도 亦可知라
天衆竟이라

열 번째 게송도 또한 가히 알 수가 있을 것이다.

하늘 대중[318]은 마친다.

---

[318] 하늘 대중이란, 색계와 욕계의 하늘 대중(天衆)이다.

청량 징관(淸凉 澄觀, 738~839)

중국 화엄종의 제4조.

절강성浙江省 월주越州 산음山陰 사람으로, 속성은 하후夏侯, 자는 대휴大休, 탑호는 묘각妙覺이다.

11세에 출가하여 계율, 삼론, 화엄, 천태, 선 등을 비롯, 내외전을 두루 수학하였다. 40세(777년) 이후 오대산 대화엄사에 머물면서 『화엄경』을 여러 차례 강설하였으며, 이를 토대로 『대방광불화엄경소』 60권, 『대방광불화엄경수소연의초』 90권을 저술하고 강의하였다. 796년에는 반야삼장의 『40권 화엄경』 번역에 참여하였고, 덕종에게 내전에서 화엄의 종지를 펼쳤다. 덕종에게 청량국사淸涼國師, 헌종에게 승통청량국사僧統淸涼國師라는 호를 받는 등 일곱 황제의 국사를 지냈다.

저서로 『화엄경주소華嚴經註疏』, 『화엄경수소연의초華嚴經隨疏演義鈔』, 『화엄경강요華嚴經綱要』, 『화엄경략의華嚴經略義』, 『법계현경法界玄鏡』, 『삼성원융관문三聖圓融觀門』 등 400여 권이 있다.

관허 수진貫虛 守眞

1971년 문성 스님을 은사로 출가, 1974년 수계, 해인사 강원과 금산사 화엄학림을 졸업하고, 운성, 운기 등 당대 강백 열 분에게 10년간 참문수학하였다.

1984년부터 수선안거 10년을 성만하고, 1993년부터 7년간 해인사 강원 강주로 학인들을 지도하였다.

대한불교조계종 교육위원, 역경위원, 교재편찬위원, 중앙종회의원, 범어사 율학승가대학원장 및 율주를 역임하였다.

현재 부산 승학산 해인정사에 주석하면서, 대한불교조계종 고시위원장, 단일계단 계단위원·존증아사리, 동명대학교 석좌교수, 동명대학교 세계선센터 선원장 등의 소임을 맡고 있다.

청량국사화엄경소초 14 - 세주묘엄품 ④

초판 1쇄 인쇄 2021년 4월 16일 | 초판 1쇄 발행 2021년 4월 26일
청량 징관 찬술 | 관허 수진 현토역주 | 펴낸이 김시열
펴낸곳 도서출판 운주사

(02832) 서울시 성북구 동소문로 67-1 성심빌딩 3층
전화 (02) 926-8361 | 팩스 0505-115-8361

ISBN 978-89-5746-644-5 94220
ISBN 978-89-5746-592-9 (총서)   값 17,000원

http://cafe.daum.net/unjubooks 〈다음카페: 도서출판 운주사〉